© Iñaki Hermo Requejo, 2018

LA ILUMINACIÓN DEL ALMA - **Esencia**
1ª Edición: febrero 2018

ISBN: **978-84-697-4740-7**
Depósito Legal: **DL T 159-2022**

WebSite: lailuminaciondelalma.com
E-Mail: ih@lailuminaciondelalma.com

*"Iñaki Hermo; se define como filántropo en conexión y sintonía
con el eje energético de la humanidad, espaciado en un cosmos de
armonía musical"*

*No deseo que te confunda la expresión de mis palabras,
intenta ver más allá.*

*No te quedes con la primera impresión,
hay mucho más,
y mucho menos también.*

*Si quieres saber más hay que descubrir,
pero eso no quiere decir,
que te vaya a gustar.*

[01/03/1987]

LA ILUMINACIÓN DEL ALMA

- Esencia -

IÑAKI HERMO

Dedicado a mi padre - Ramón Hermo Piñeiro (1944-2011) -,
quien me transmitió la Esencia de energía más allá de mi capacidad de
asimilación.

Entre nosotros no fueron necesarias las palabras,
para que mi interior llegara a ser,
el reflejo de su luz.

[22/04/2015]

ÍNDICE

Las letras de este libro no crearán un cambio en tu Vida,
sino una transformación de tu existencia.

[05/10/2016]

Ahora y en este instante debes saber que;
no soy un sabio,
ni un maestro,
tampoco un ser iluminado...

...soy y seré tu discípulo en nuestro camino, ese ser que permite fluir la energía del universo a través de la consciencia interna, formando expresiones de creatividad en un mundo físico.

[10/07/2016]

No estás leyendo este libro por casualidad,
porque las casualidades no existen.

Lo estás leyendo porque entre tu vibración y la suya,
existe una misma frecuencia.

[20/07/2016]

*...seguías buscando respuestas a tu existencia,
pero ni los libros ni la Vida respondían a tus súplicas.*

Seguías sufriendo en mares que se transformaban en océanos, ahogándote en sueños que nunca llegaban, sueños donde perdías el destino en tormentas de lágrimas mientras el Amor se sumergía.

Era tu energía, quien se desvanecía tratando de rescatarlo entre llantos ensordecedores del corazón que habitaba tu interior.

*Pero aún respiras, y esos latidos son la esperanza;
la esperanza de encontrar la Esencia que perdiste,
la esperanza en descubrir las respuestas que buscaste,
la esperanza en llegar a un mundo interior,
esa existencia que solo a ti pertenece.*

Vives el instante, donde estas letras que fluyen por tu mente, no pertenecen a este libro ni a su autor, sino a un lugar donde residen los sentimientos, un espacio en el tiempo donde el ser vivo experimenta Vida, una profunda atracción del Amor en mitad de un sueño, un sueño que se hace real en nuestro interior a través de emociones; emociones que nos guían mostrando el significado con respuestas del corazón, respuestas donde el romanticismo de un beso se convierte en la luz que ilumina nuestra Alma.

[28/10/2016]

No me muestres que amas, demuéstrame que te amas.

[13/08/2016]

INTRODUCCIÓN

Es la trascendencia del crecimiento personal
hacia el espiritual,
a través de la introspección en nuestras emociones.

Era el inicio, donde unas letras sobre el papel iban tomando forma hacia otro tiempo, hacia el único objetivo de influir positivamente en los sentimientos, en transmitir la guía del conocimiento sobre experiencias del ser humano a lo largo de su Vida.

Y si en algún instante se llegara a conseguir,
desearía fuese para crear un mundo mejor en su interior.

No es un libro más de motivación, ya existen muchos que pretenden forzar la mente a actuar de forma constructiva y de duración temporal, y siempre demostrando que no es posible entrar en la fuente interior de las emociones desde los pensamientos.

Las acciones que provienen de pensamientos son efímeras,
y solo aquellas que provienen de emociones son eternas.

Frases que describen la historia de una emoción basada en mi propia valoración interna, y en la observación del comportamiento emocional de seres vivos dentro de su experiencia de Vida y Amor.

Un libro que únicamente fue escrito en momentos de inspiración.

Quizás considerado un relato hacia la alta valoración del Amor, la Vida y hacia la sociedad que nos envuelve en cada instante que respiramos, sentimos y amamos.

Un libro que refleja una emoción interior, que sentí, debías conocer.

Un libro que expresa algunas reflexiones que a todos nos han intrigado en alguna situación de nuestra existencia, preguntándonos:

¿ La Vida es sueño o una realidad ?,
¿ Es una Vida o muchas vidas ?,
¿ Es felicidad o dolor esta emoción ?,
¿ Es Amor u odio esta sensación ?,

¿ Por qué me siento mal ? ,
¿ Por qué estoy aquí ? ,
¿ Para qué estoy aquí ?.

Pero las respuestas ya existen,
existen en el corazón de aquel ser que se aventura a descubrirse;
a descubrirse luchando en un entorno olvidado de Amor,
en un lugar localizado en su interior buscando el encuentro.

No esperes encontrar en estas palabras las respuestas,
porque no están,
porque desde que llegaste aquí,
dejaron de existir.

¡ Ellas solo te guiarán al lugar más alejado de ti !

¡ Ellas no crearán un cambio en tu Vida,
sino una transformación de tu existencia !

Sentí que estas letras eran la guía, el canal a encontrar una respuesta a todo un mundo de emociones que llegan a nuestro interior en cada palabra de Amor, en cada acto, en cada sensación.

Frases que muestran la no existencia de prioridad alguna en nuestra búsqueda de la Esencia, excepto aquellos sentimientos que giran alrededor del Amor; nuestro Amor.

Se trata de Amor, la razón más simple de necesidad universal, un significado de esta realidad que genera iluminación en cada Alma y con cada latido.

Siento empatía;
> *sobre quienes sienten y quienes no se dejan sentir,*
> *sobre quienes aman y quienes no se dejan amar,*
> *sobre quienes viven y quienes no viven en su ser;*
conscientemente.

Es la reacción de la nueva consciencia, un despertar a la luz que emana de nuestras profundidades.

No es la búsqueda infinita del Amor,
> *porque el Amor ya está en nosotros,*
> *y porque sin duda,*
>> *el Amor somos nosotros.*

Sí es la búsqueda incesante de identificar al Amor,
> *identificarlo como parte de nuestro ser,*
>> *como forma innata de nuestras emociones.*

Será nuestra continua evolución como seres espirituales,
> *seres de este universo.*

Unas letras que interpretan el concepto "Dios o divinidad" como el inicio o principio de toda energía existente, la entidad más alta en nuestro entendimiento personal o espiritual, lejos de creencias religiosas.

Es el modo de vernos como seres completos en nuestros vacíos,
> ***perfectos en nuestra imperfección.***

Quienes aman la Vida,
> ***sienten que este mundo es el cielo,***
quienes no la aman,
> ***sienten que este mundo es el infierno de otro.***

Escrito para unos pocos que hayan encontrado ese Amor en su propia Esencia, para todo aquel que lo busque en su completa y eterna felicidad de constante crecimiento personal.

¡ Mi éxito en esta Vida, será llegar a ti !

Mi éxito será llegar;
llegar a transmitir esta fuente,
una fuente innata de conocimientos,
de despertar,
de amar.

Alcanzarte con el corazón en las manos es mi propósito de Vida,
será el éxito,
mi éxito como ser vivo,
como ente espiritual.

Es el nacimiento de una intención con la esperanza de ser el aporte necesario para mantener el Amor vivo en esta eternidad, o quizás recuperar ese Amor que olvidamos en algún momento de nuestra Vida.

Un mundo que nos pertenece, y del que podamos sentirnos orgullosos sin temor a exponer nuestros buenos sentimientos a las vicisitudes de una existencia.
Ahora es el momento, y este es el lugar en el que se nos entrega la oportunidad de traerlo a nuestro ser, y hacer de todo ello un mundo de luz en nuestro interior.

Y si nos vemos incapaces de traerlo a nosotros,
vayamos nosotros hacia él,
porque;
quien no siente esperanza está inerte,
quien permanece en la espera vive en la tristeza,
quien mantiene dormido su espíritu bloquea su capacidad;
su capacidad de aprender a amar.

Quien no siente Amor deja de vivir en su propia Esencia,
deja de vivir en este mundo de esta Vida.

AGRADECIMIENTOS

Mi más profundo agradecimiento a TINNA,

quien me transmite su alegría y ganas de vivir en un presente incierto y futuro inexistente,

quien no se separa de mi lado ni en sueños para despertarlos entre caricias,

quien me espera con ilusión para entregarme cariñosos besos de bienvenida,

quien respeta y cuida mi espacio, mi Vida y hasta mis emociones,

quien me hace sonreír en los peores instantes, acariciándolos entre lágrimas de tristeza,

quien me lleva a jugar cuando lo necesito,

quien hace magia de los buenos momentos,

quien sabe mantener la paciencia en esas largas tardes esperando sacarme a pasear,

quien insiste en entregarme su Amor; su Amor incondicional,

quien ya entiende el significado de este libro, sin haberlo leído.

[20/08/2016]

Me emociona saber que soy participe de un mundo en el que tú,
formas parte de él.

[20/01/2015]

ESTA LUZ

En marzo de 1995 desperté en un profundo sueño, y comencé a escribir este libro a raíz de un colapso emocional que me ahogaba desde la pubertad.

La falta de aire a mi alrededor provocaba incesantes lágrimas que me transportaban a una realidad que creía conocer.

A los 10 años, iniciaba la percepción de una especial inquietud en mi interior, algo que me hacía vibrar en diferente sintonía respecto a los demás.

¡ Aquellas sensaciones eran el renacer constante de emociones !

Era el raro, el incomprendido, el no aceptado, el loco. Pero en los silencios de la oscura soledad, una suave voz me susurraba lo original, especial y verdadero que era. Y solo entonces apartaba las lágrimas de mi rostro tratando de ver unas letras más allá de mis empapados ojos. Aquel fue el inicio de mis confusiones, desequilibrios y desorientación en un entorno hostil frente al despertar emocional.

Esa inquietud no fue algo que pensara, era algo que sentía, algo que debía intentar, ya que me impulsaba a construir un mundo de magia en mi ser, y quizás con la esperanza de que emerja en el interior de aquellos seres que encuentren en su Vida estas letras cerca de sus corazones.

Esa sensación de poseer un secreto y desconocer cómo transmitirlo,
esa locura de expresarlo y no encontrar el medio,
ese deseo de entregarlo y no saber a quién.

Con el tiempo fui desarrollando y transcribiendo esas inquietudes, o quizás, divagaciones cósmicas a través de frases, que unidas, formaron un diario durante cuatro años, y que solamente necesitó veinte minutos para desaparecer de mis manos en cenizas. Aquel instante hundió un pasado en lágrimas para emerger un presente lleno de esperanzas. Siempre pensé, aunque nunca lo sentí, que su desaparición en mi Vida fue el mayor de mis errores.

Ahora siento, que esa magia que entraba en mí para expresarla sobre hojas mojadas en lágrimas;

>*aún sigue en mi ser,*
>*en mi mundo,*
>*en lo más profundo de mi Esencia,*
>*regresando con más sabiduría,*

regresando entre las profundidades de sentimientos emocionados.

En el fondo de la observación, sobre cierta sociedad conscientemente despierta o en proceso, conscientemente preparada y dispuesta a asimilar el conocimiento que estas letras pretenden transmitir, surgió la motivación a presentar estos escritos después de tantos años.

Una sociedad que está empezando a hablar e informar de ello en redes de comunicación y libros hermosamente tratados aunque escondidamente publicados. Sentí que no podía quedarme al margen sin exponer los más profundos conocimientos que llegaban a mí, con la simple y única finalidad de ser un intermediario más entre el universo y la conciencia de los seres capaces de captar este flujo consciente de vibraciones emocionadas.

¡ Desearía no llegar tarde a este encuentro !

Un encuentro en el que cada uno de nosotros, cada uno de los que tratamos de transmitir y representar una verdad universal, transferimos nuestra sabiduría utilizando conceptos en palabras o expresiones distintas, pero siempre con un mismo significado e intención hacia un idéntico propósito de Vida.

Quizás sea yo quien realmente esté dormido,
aunque mantengo la esperanza,
que únicamente sea en nuestros sueños.

Durante estos años, ha existido un conocimiento cerca de mí, algo que siempre he sentido gracias a su presencia interna, aunque nunca el por qué de ese conocimiento. Un conocimiento que el ser humano busca por naturaleza, sin embargo, debemos entender que el conocimiento que realmente necesitamos es quien nos encuentra. Es entonces cuando sucede la magia de los libros, y sean aquellos que necesitamos en ese momento de nuestra Vida quienes se acerquen del modo más misterioso, ejerciendo una especial atracción hacia nosotros, y nunca al contrario.

¡ Sus frecuencias sintonizan nuestras emociones !

Finalmente, en junio de 2016, decidí acceder a esa biblioteca en mitad de la eterna oscuridad mental en busca de mi baúl, un baúl cerrado y custodiado por un precioso candado, y sorprendido descubrí que

aún dormían en él esas palabras,
aún esas palabras formaban emociones en sus armónicas frases.

Aún dormían esas melodías,
esas dulces melodías que aparté durante años.

Aún emanaban sueños;
los sueños de un Amor.

Aún emanaban sensaciones;
sensaciones de emociones enamoradas.

Al acercarme a ellas, entré en su fuente de energía inagotable transmitida en su lectura, en la luz de emociones olvidadas y verdades conscientes. Fue en aquel instante de luz, cuando entendí que era el momento en el que tanto el mundo como yo, estábamos preparados para captar y compartir esa sabiduría sobre la Esencia de nuestra existencia. Instante en el que decidí mostrar esas emociones, y dirigirlas a aquellos seres que vibran con un significado más espiritual que el resto de una sociedad dormida y supeditada a un sistema político-económico degradante, y a sus manipuladores medios de comunicación y entretenimiento.

> *Ahora siento,*
> *siento que decidí,*
> *fueras tú quien debía estar aquí.*

Fueron demasiados años protegiendo la entrada a la sabiduría de mis emociones, creyendo que nada de esto era real, que eran imaginaciones, sueños abstractos y generados desde una mente aturdida que vivía simultáneamente en varios planos de realidad.

> *Aún sigo despertando;*
> *despertando en los viajes de introspección a mi interior,*
> *sin embargo,*
> *he necesitado sentir que ni tu ni yo estamos solos,*
> *y menos aún lejos en esta creencia espiritual,*
> *de esta evolución consciente.*

> *Que este es el momento y el lugar donde tenemos que estar,*
> *donde debemos escuchar los latidos de nuestro corazón.*

En las reflexiones de Vida y Amor,
    me sumergí en esa biblioteca albergada en mi interior,
    y este es el resultado de una sabiduría existencial.

Seguir en ese lugar que nos pertenece,
    es sentir nuestra única Esencia como seres de divinidad.

    Porque una vez hayas llegado,
        jamás querrás irte.
    Porque una vez entres,
        jamás querrás salir.

Siento que allí se eleva una Vida entera,
    quizás mi propósito de Vida,
    quizás el significado de mi existencia.

Este es mi lugar,
    el lugar donde un sueño se hace real,
        donde se despiertan las emociones,
        donde se inicia la luz,
        donde no hay alcance en su horizonte.

Un lugar tan hermoso solamente puede existir dentro de ti.
¡ Serás el primero en descubrirlo !

Pero como ser vivo,
    no te sientas desnudo al identificarte con tantas emociones,
        porque nunca estuviste vestido.

[01/07/2016]

Mi inspiración: la MÚSICA

El sueño de la Vida, es el Amor.

[21/04/2015]

I

HABLEMOS DE AMOR
- Antes del despertar -

Una Vida de plena esperanza, y un profundo Amor; se unifican en un mar de llantos y lágrimas sobre una solitaria existencia.

Es una Vida que hemos sentido, que sentiremos o que estamos sintiendo. Da igual el momento pasado o futuro, importa que ahora nos encontramos al borde de perder la propia Esencia de nuestro ser, y con él, el Amor con el que nacimos. Un Amor que no aprendimos, sino que se desarrollaba en forma de emociones en nuestro interior, y sucedía sin apreciarlo.

Somos nosotros quienes lentamente hemos ido abandonando la fuente del Amor, ocupándonos de cosas externas consideradas más importantes; ya sean vivencias familiares, de amistad, laboral y/o estudiantil. Y que cuando además son negativas, nos hacen más difícil respirar en la existencia que vivimos, provocando bloqueos mentales en nuestro espíritu creativo y en nuestro camino hacia el descubrimiento de la realidad.
Sin ser conscientes de ello, estamos dejando a un lado nuestras sensaciones más profundas, aquellas emociones con las que llegamos a este mundo, aquella Esencia que representaba nuestra identidad como seres de este universo.

¡ Si nada justifica esas sensaciones, nadie debería juzgarlas !

Ocasionalmente nos identificamos en esa profundidad cuando perdemos a un ser querido, cuando experimentamos el fin de una relación sentimental o personal, cuando algo de gran valor emocional desaparece de nuestro lado. Son momentos en que la Vida nos arrebata algo con lo que nos sentíamos unidos en Amor sin entenderlo hasta ese preciso instante; un instante de tristeza sumergido en un dolor manifestado en lágrimas dentro y fuera de nuestro ser.

Es el miedo en forma de ira quien nos hace dependientes de todo olvidando quiénes somos, lo maravilloso que es nuestro ser de luz.

Permanecemos doloridos al ser conscientes que únicamente estamos hechos de Amor. Y es en la penuria de la confusión, cuando volvemos a enfrentarnos de nuevo a la Vida y a todo su entorno dejando a un lado esa tristeza que sintió nuestro corazón, o quizás intentando olvidar lo que sucedió.

Pero el corazón no olvida, ni siquiera forzándole. Solo lo hará cuando hayamos asimilado e interiorizado esa experiencia.

Lo más triste no son esos sentimientos de tristeza, lo más triste es que no aprendamos del sufrimiento que generó, que sigamos sin aprender de la magia adversa. Y el no aprender de los sucesos que nos lastiman, es entrar en un "círculo vicioso", es volver a empezar esa experiencia en otro lugar y en otro momento. Porque siempre en nuestro inconsciente quedará grabado el dolor del corazón con sufrimiento de un pasado.
Es el corazón quien conoce el verdadero significado de ese dolor. Un dolor que surgió por haber olvidado de qué estamos hechos, y a quién pertenecemos.

Demasiadas teorías erróneas, han considerado que este sufrimiento experimentado es soportable siempre que exista una razón que lo justifique, una razón generada únicamente en el intelecto.

Pero la superación del sufrimiento no se basa en trucos mentales, sino en captar esa razón desde la intuición generada en el corazón, y esa razón únicamente existe lejos de la ignorancia.

Y sí, algún día llegaremos a la conclusión reconociendo que estamos hechos de Amor y que pertenecemos exclusivamente a la divinidad que se evidencia en nuestro interior, pero hasta entonces estaremos nadando entre lágrimas.

Surgen emociones de dolor, que tratamos de apartar desde un proceso mental que se pregunta el "por qué", sin atreverse a preguntar el "para qué".

Creemos saber la causa del dolor, pero muy distante de entender que solo fue el Amor manifestado emocionalmente.

Un Amor que se origina en nuestro interior, que se mueve por nuestro cuerpo en forma de energía, que está tan vivo, que su expresión se muestra en el exterior mediante o a través de manifestaciones de sufrimiento, de lágrimas, a modo de besos, caricias, sonrisas e ilusiones.

No has de estar dispuesto a sufrir el resto de tu Vida,
a sufrir por haberte dado cuenta que olvidaste al Amor,
a sufrir porque te olvidaste hasta de ti mismo.

¡ Has de abrir los ojos antes de levantarte !

Nadie ha de llorar y entristecerse el resto de su existencia por no perdonarse.

¡ Deja el perdón para el final, ahora es momento de crecer !

Se trata de crecimiento, y todo crecimiento requiere un esfuerzo que ayude a despertar nuestra consciencia bajo el aprendizaje de lo que sentimos, de lo bueno y malo que sentimos, y de cómo lo sentimos.
Es intentar reconocer el error para sanarlo de ahora para siempre, de no volver a sentirse culpable, que de un modo u otro se afronte la realidad; esa realidad que se olvida al no continuar descubriéndonos.

No vuelvas atrás,
porque el pasado no tiene lugar en este presente,
y si no existe en el ahora,
nunca existirá en el mañana.

No es necesario mirar el pasado para entender un presente y/o pronosticar un futuro, porque nada de eso tiene exactitud y menos aún aproximación, simplemente por ser algo que no existe.

No te esfuerces en vano tratando de cambiar aquello que ya no existe, ni tampoco aquello que no existirá.

Es el deseo equivocado de controlar aquello que aún no ha llegado, y por el hecho de no haber llegado, se desconoce si va a llegar. Por tanto, ese futuro incierto no existe, y tratar de controlar algo que no existe suele resultar imposible, y no solo para el ser humano, sino para toda aquella entidad que no pueda desplazarse en el espacio del tiempo.

Nuestro guía es el corazón,
el Alma habita en él.
Nuestro guía espiritual es el Alma,
quien emana realidad a través de emociones.

Surgirá el Amor en nuestro interior, y será el momento de capturarlo y proteger ese brote de emociones en todo su ámbito. Pero si lo ignoramos, con el tiempo nos sentiremos culpables por esa falta de voluntad, de sensatez y de incredulidad. Solo entonces retrocederemos llorando al lugar de la confusión. Un lugar que desafortunadamente volvemos a visitar, un lugar llamado "círculo vicioso", el cual nos sumerge lejos de nuestro propósito de Vida, encadenándonos a la inconsciencia con destino al estancamiento evolutivo. Si por el contrario, transformáramos ese pensamiento negativo en una emoción positiva e intensificáramos el sentimiento resultante, percibiríamos su entrada en nuestro corazón, provocando en un entorno sin dificultades, la creación de una existencia más placentera.

Infravaloramos lo que llevamos en nuestro ser hasta el límite de olvidarnos de nosotros mismos, pero lo más triste no es esa actitud, lo más triste es que lo hacemos sin esfuerzo.

Incluso el ego, quien sigue interviniendo en el desarrollo de la personalidad sobre lo que exigimos a la Vida y a nosotros mismos, provoca que la propia existencia haga un reajuste en el que las circunstancias sean las encargadas de colocar en su lugar a quienes se salen de su propósito de Vida.

Es el Alma -nuestra inteligencia divina-, quien transfiere su energía en lo físico mediante emociones, y ese proceso de transferencia se podría definir como expresión de Amor u odio. Cuando estas emociones son creadas, brotan en vibraciones desde el corazón, y lo hace mediante impulsos energéticos emitiendo frecuencias; frecuencias que recorren nuestro cuerpo en cada latido.

Continuamos reticentes a entender que nosotros somos Amor, y que permanecemos inmersos en su belleza. Nada ni nadie tiene el derecho a alejarnos de ella.

Aquellos pensamientos que admiten que el Amor es algo que surge en ciertos momentos de la Vida, solamente están experimentando falsas teorías en otros planos de realidad, planos de involución consciente.

Tener presente el Amor en todo momento de esta existencia, es tenernos presente a nosotros mismos, es interactuar con ese Dios al que tanto mencionamos, esa divinidad que siempre ha existido en nuestro interior.
Incrementar esa actitud, haría que entre nosotros discurriese un pensamiento universal en el que todo nos condujera hacia un lugar de felicidad, siendo este el único objetivo que perseguimos desde nuestro nacimiento. Porque únicamente la felicidad llega con la vibración del Amor, nuestro propio Amor.

En ambas posturas experimentamos la belleza de esta Vida,
y no deja de ser un aprendizaje continuo e incesante.

¡ Nuestro primer paso es amarnos a nosotros mismos,
lo que suele resultar más difícil que amar a los demás !

Quizás todo esto sea algo que yo esté sintiendo,
o que quizás sea algo que también lo estés sintiendo tú.

Pero sintiendo el Amor en tu corazón todo se magnifica, llegando a percibir que la Vida no es más que la suave fluidez de la sencillez.

Se trata de una oportunidad, esa oportunidad de encontrar nuestro destino escuchando la voz de nuestro corazón, y olvidando pensamientos nutridos en la lógica mental del intelecto.

En este plano de realidad en el que pensamientos negativos sobre que la Vida que experimentamos "no tiene sentido", o que esta "carece de significado en nuestro interior", entonces preguntémonos:

¿ Qué significado tendría la Vida sin nosotros ?

Asociamos la errónea idea de creer que la Vida la construye una sociedad, y que además esta es la causante de nuestros infortunios.

La sociedad en la que vivimos la construimos individualmente cada uno de nosotros.

¡ No intentes cambiar lo que no te gusta de la sociedad donde respiras, trata de transformar tu modo de inspirar !

Y esa es la base para crear una sociedad en la que nos sintamos identificados con un crecimiento espiritual.

La sociedad se forma bajo costumbres adquiridas de cada ser humano en sus experiencias, creencias, pensamientos, juicios, sentimientos; y siempre de forma individual. No es fruto de nuestra imaginación creer que existen sociedades distintas en este planeta, ya que no siempre nos sentimos identificados con el entorno que nos rodea.

No dependemos de una sociedad como grupo de personas que lo componen, sino de nuestra individualidad como seres únicos para crear la Vida que nos pertenece, por el único motivo de ser los creadores de nuestra existencia en este lugar llamado tierra.

En nuestro interior sentimos cuál es el camino a seguir para transformar esas costumbres, pensamientos, creencias y juicios. De modo que estamos capacitados para crear una sociedad con el único objetivo de alcanzar la felicidad despertando nuestro corazón.

¡ Cuando nuestro corazón haya despertado,
se iniciará el proceso de nuestro despertar mental !

No es acertado pensar que hemos sido y somos la Vida, la única Vida en este universo, ya que antes de existir el ser humano existían otro tipo de seres vivos en este planeta, seres unicelulares, plantas y animales. Ellos formaban parte de esa Vida en la que se expandía consciencia y emociones sobre una expresión de Amor incondicional.

Debemos aprender a convivir con nuestros semejantes y con todo nuestro entorno natural, más allá del sistema político-económico y medios de comunicación que insisten en cegar nuestra consciencia para apagar nuestra luz.
Probablemente ahora, el "sistema" al que estamos sometidos ya no disponga de recursos para manipularnos con la misma intensidad, y trate de hacerlo a través de los sentimientos. Es una lucha inconsciente en la que todos nosotros estamos involucrados, y por supuesto, dormidos.

Donde una minoría se esconde para no recibir daño con juicios y críticas que la propia sociedad les asigna, sin saber esta qué es lo que sienten en su interior.

Les da miedo salir a la calle,
salir y encontrar sensaciones con las que no se identifican.

Viven inmersos en su maravilloso mundo interior,
creciendo en soledad,
evolucionando en su paz,
sin abandonar sus introvertidas emociones.

Especialmente ellos se revelan ante las injusticias que una sociedad dormida y controlada hace del Amor, solo ellos reconocen por encima de todo al Amor; ese Amor más allá de un mundo socialmente corrupto.

Aun así, es imposible no tener una sensación de confusión entre la tristeza y la alegría en un mismo espacio de tiempo. Tristeza, por intentar arreglar un mundo sin Amor. Alegría, por estar a tiempo de mejorar interiormente nuestros sentimientos, a tiempo de emanar una nueva energía desde nuestra Esencia.

No es demasiado tarde porque aún estás aquí,
porque aún respiras junto a mí.
No es demasiado tarde mientras estés vivo,
solo es tarde si tu quieres que lo sea.

Cualquier reto nos parecerá difícil, pero una vez escuchemos al corazón todo nuestro ser vibrará de ilusión, y la felicidad se creará en su interior dando a su vez ejemplo al resto de una sociedad inconsciente.

Será tu fuente de Amor,
será ella la que se propague,
en cada ser que a tu lado se encuentre.

Se cuestionarán por qué eres tan feliz mientras aguantan lágrimas en sus ojos, lágrimas por no sentirse bien con nada del mundo que les rodea, ni siquiera en la sociedad que les corrompió, ni siquiera con ellos mismos.

Ya no tienen rutas,
perdieron el rumbo,
sus emociones están bloqueadas,
su mente desorientada.

Sin embargo tú lo has encontrado,
has accedido al secreto del universo en tu interior,
y ahora iniciarás la necesidad de ayudarles.

Nuestro mayor acto de Amor hacia la evolución consciente, será ayudar a otros seres a encontrar su lugar en esta existencia.

En los estados de sufrimiento, es cuando más cerca estamos de nuestro corazón, más cerca de escuchar su propia voz, más cerca de iniciar la maravillosa experiencia espiritual. A través de ella, encontramos la liberación de nuestra entidad, conectamos con el flujo del conocimiento, alimentándonos de la energía universal.

En todas las épocas de la existencia humana, no hubo otro modo de llegar a nuestro interior que no fuera deslizándonos entre dolor y lágrimas. Esas gotas de agua serán quienes abran los ojos a nuestra mente, quienes hagan fluir el conocimiento a través de ella, y así, establecerse en nuestra Alma.

Disponemos de capacidades suficientes a nuestro alcance para llegar a generar una consciencia despierta en esta Vida, por lo que nuestro aprendizaje no tiene por qué basarse únicamente en el sufrimiento, sino también en el gozo de la alegría. Porque el sufrimiento es efímero, y después se abrirá paso la deseada felicidad, eterna felicidad.
Esa felicidad es la apertura de nuestra mente hacia el cosmos, la permisividad del flujo energético espiritual entre lo externo e interno de nuestro ser, el acceso al conocimiento de una eterna existencia.

El Amor, como impulso más elevado de la naturaleza de un ser vivo, es nuestra fuente del conocimiento. Su fuerza y vulnerabilidad se expande en cada uno de nosotros. Todo dependerá de cómo lo sentimos, de cómo queramos sentirlo y de lo reacios o incrédulos que seamos ante el brillo de nuestra propia luz.

> *Si hay algo en el mundo y en la Vida,*
> *si existe algo que se pueda recuperar con tanta facilidad,*
> *ese algo es el Amor,*
> *tu propio Amor.*
> *Y solo así,*
> *estarás en consonancia con las leyes universales.*
>
> *Has de saber que dentro de ti hay algo muy importante,*
> *un despertar que se está manifestando,*
> *tan importante que de ello depende tu felicidad,*
> *y la de seres como tú,*
> *como nosotros.*

Somos los dueños de nuestras emociones, y a veces de modo inconsciente, las cambiamos olvidándonos de nosotros mismos al preocuparnos de otros asuntos; asuntos que en nuestra errónea escala de valores los consideramos de suma importancia para nuestra supervivencia. Una escala de valores construida por nuestro ego en la lógica del exterior, y no en la intuición de nuestro interior.

Tenemos el poder de la decisión en optar, por dejar o no,
que algo o alguien cambie o manipule nuestras emociones.

Nada ni nadie tiene el derecho o permiso de entrar ahí,
de sabotear nuestro ser.

Nada ni nadie arrebata nuestra Esencia,
nadie domina nuestra Vida,
nadie es dueño de nadie,
ni siquiera de su propio corazón cuando no siente Amor.

Quizás el corazón nos golpee fuertemente hasta que entendamos con llantos y lágrimas nuestra equivocación, nuestra irresponsabilidad al permitir ser esclavos de emociones manipuladas.

Durante este crecimiento espiritual por tratar de conectar nuestro corazón con nuestra mente, no podremos evitar que surjan situaciones inesperadas que nos descontrolen ubicándonos en estados de nerviosismo, con el único objetivo de desequilibrar la fusión de nuestros sentimientos con nuestros pensamientos. Es ahí donde está el error, el lugar donde toda emoción desaparece para centrarnos en esa situación imprevista con todos nuestros sentidos y energía. Con esa actitud, dejamos al raciocinio del intelecto tomar control de nuestras emociones. Nos mostramos tan ciegos por resolver, aclarar o arreglar la complejidad de lo ocurrido, que todo lo demás queda a un lado, como si en nuestra subsistencia solamente importase esa situación azarosa que consumiendo nuestra energía bloquea nuestra mente por instantes, enmudeciendo en todo momento la voz de nuestro interior. El resultado suele ser todo un descontrol inadvertido para las emociones, transcendiendo sobre nosotros hacia un destino inerte.

¡ Qué difícil se nos hace entrar en la resiliencia cuando nuestro corazón es débil y siente miedo !

Momentos en los que,
pensamientos y sentimientos se alejan entre si.

Momentos en los que,
nuestra mente desconoce nuestro corazón.

Momentos donde se pierde la magia;
la magia de pensar y sentir unificadamente en una emoción.

Momentos donde se pierde la conexión interna,
la pureza universal.

Se pierde tanto, que la situación genera un cuerpo en movimiento,
un cuerpo bajo órdenes de un intelecto que lo va ahogando;
ahogando en el exceso de pensamientos lógicos.

Es triste reconocer esta realidad de emociones sin destino, pero más triste es ignorarlas por temor a amar tanto que podamos perder el control, y que este pueda dar lugar al sufrimiento.

Llegamos al miedo que nos induce temor, y abandonamos el riesgo a creer en el Amor como fe imprescindible para nuestra felicidad. Aunque alcanzarla supondría adentrarnos en nuestro crecimiento como seres espirituales de un infinito universo, y adquirir el conocimiento de una continua evolución en seres de Amor.

Por todo ello, a lo largo de la existencia nos hemos cuestionado:

¿ Qué hago en este mundo ?,
¿ Para qué he nacido ?,
¿ Qué sentido tiene la Vida ?,
¿ Qué sentido tiene mi existencia ?,
¿ ... ?

Todas las respuestas ya están en tu interior,
presta atención a lo que sientes y cómo te sientes.

Eres capaz de convertirte en un ser despierto,
un ser que pasa por la Vida y no deja que esta pase sobre él.

Insiste en averiguar más allá;
más allá de tu voz interior,
más allá del significado de tu propia existencia.

Existen seres que simplemente viven sin pensar en emociones, sin reflexionar en si tienen o no corazón, si sienten o no Amor. Siguen viviendo en un proceso de desconexión consigo mismos mientras su energía se va consumiendo en la ignorancia de sombras.

Para ellos las preguntas no existen,
porque en su Vida no hay incógnitas,
solo incredulidad.

Únicamente vuelcan su atención en la supervivencia de un presente,
un presente que viven en un futuro,
un futuro de un pasado.

Su mente les prohíbe reflexionar pensamientos,
pensamientos que les provoque emociones,
emociones que les acerquen a la voz de su corazón.

¡ Es el miedo a captar sensaciones !

Se niegan a experimentar el Amor hacía sí mismos, porque
amenaza la pérdida de control mental que ejerce su intelecto.

Su aislamiento de la realidad les aporta una ficticia tranquilidad,
y una serenidad que confunden con felicidad.

La Vida para ellos es lo que la sociedad en la que viven les enseña.

Desean permanecer ahí,
en el estado cómodo de sentirse aceptados sin ser ellos mismos.

Su esfuerzo no emocional por ser aceptados les satisface mentalmente,
les sigue dando la seguridad de no estar solos,
de ser normales porque una mayoría son como ellos,
de no ser criticados ni juzgados por hacer lo que sus semejantes hacen,
por pensar y sentir lo que sus semejantes piensan y sienten.

Por otro lado, aquellos que logran encontrar significado a su existencia desde su voz interior, entran en el canal donde fluye la realidad, apaciguan y abren su conciencia, aman libremente todo lo que les rodea sin esfuerzo alguno, viven y sienten la Esencia de la Vida con una intensidad superior en su interior que les eleva. Su paz proviene de lo más hondo de su corazón al saber que obtienen las respuestas a todo. Ellos son únicos en este espacio de tiempo, únicos e individuales que no siguen los patrones sociales de la gran mayoría.

Quienes sienten las numerosas incógnitas de la Vida y el Amor, viven en otro mundo a los ojos de esa gran mayoría, y en ese otro mundo encuentran la Esencia de su corazón, y sus respuestas.

Esas sensaciones nos trasladan a sentir;
sentir que se está dentro de la realidad,
sumido en un sueño muy profundo,
sumergido en la fantasía y vivo mucho antes de nacer.

Pero a medida que vamos escuchando,
a medida que vamos entendiendo a nuestro corazón,
logramos tocar los límites del infinito,
y lo alcanzamos tan solo prestando atención;
atención a cada emoción que nos transmite.

Es la llave para entrar en la gran belleza de amar,
de sentir el puro Amor en forma de calor sobre la piel,
de Vida sobre nuestra sangre,
de sentimiento a través de cada poro.

Una realidad que se hace sueño en nuestro corazón,
un sueño que nadie podrá sentir sin Amor.

Es el sentimiento anhelado en cada instante de Vida,
la fuerza que nos hace disfrutar de él,
con cada mirada soñada,
con cada latido palpado.

Es abrirse un mundo;
un mundo en el centro del intocable corazón,
sin que el secreto pueda soñar tus sueños,
vivir la Vida que te perteneció mucho antes de nacer,
sentir tu propia Esencia.

Algo que cada uno de nosotros puede experimentar,
sintiendo su existencia eterna partiendo del acto de amar.

Es el instante de sentirse a uno mismo lo que nos capacitará ayudar a los demás a aprender a amar, a transmitir desde nuestra fuente de Amor las altas vibraciones energéticas con las que estamos resonando.

Continúa generando buenas vibraciones a través de la entrega de Amor,
gratitud,
amabilidad,
perdón.

Continúa abrazando,
besando,
cantando,
creando,
bailando,
aceptando,

pero aléjate de la mentira,
los gritos,
la pelea,
la ira,
la envidia,
la culpa,
el resentimiento y el pasado.

Estamos iniciando un cambio, el cambio que abre camino a engendrar conocimiento y a despertar consciencia en todo aquel ser vivo que amemos.

Ya no hay necesidad de utilizar gestos ni palabras.

Todo se transmite y se capta en vibraciones de energía,
energía positiva generada en nuestro interior,
y que en alas del Amor,
dejamos que fluya a través del universo.
Increíble para algunos,
cierto para quienes lo sienten en lo más profundo de su ser.

Sé el ejemplo del agradecimiento,
agradecido del aprendizaje que te facilita el miedo.
Permite que te introduzca en esa belleza inmensa,
inmensa de conocimiento infinito,
conocimiento que se genera desde un mismo lugar;
tu corazón.

Y cuando captes la belleza en los seres vivos,
será un instante que no sucederá en la mente,
sino en tu interior,
en mitad del intercambio de energías.

Nos enfrentamos a vivir el desconocimiento de nuestras capacidades, siendo la ignorancia el nombre que damos a nuestros propios miedos. Miedos desconocidos que les hacemos parte de nuestra Esencia cuando la mente transmite su belleza al corazón.

Miedo a ver cumplidas profecías, predicciones transmitidas desde otras entidades; cuando todo ello no tiene cabida en este proceso de consciencia, excepto para advertir de nuestro riesgo como seres sobre el no despertar al Amor.

Miedo al no conocer el momento de las catástrofes que resurgirán en este planeta.

¡ Todo será inesperado, sin dar lugar a especulaciones !

La Vida vive el Amor, mientras el Amor vive en la Vida.

[21/04/1995]

II

EVOLUCIÓN
- En la eterna existencia -

La Vida evoluciona, nos guste o no, evolucionamos con ella.
Crecemos interiormente más deprisa de lo que nuestra mente puede asimilar, y eso es evolución constante.
Nosotros, somos esa Vida, parte de esta existencia que nos pertenece en todo su ámbito, siendo una entidad con capacidad de adentrarse en las profundidades del corazón, abriendo los ojos al conocimiento que habita en él. Somos los autorizados a descubrir el único lugar donde existe una hermosa biblioteca de sabiduría enamorada.

El Amor, esa fuente ilimitada de energía que nuestra Alma convierte en el sentimiento más bello y hermoso que un ser vivo puede experimentar, esa magia indescriptible que se experimenta desde nuestro fluir interno hacia nuestra externa expresión.

La Vida no trae consigo imperfección, todo depende del punto de vista de observación, de lo fácil o difícil que queramos que sean nuestras experiencias, de cómo las vivamos y de cómo queramos vivirlas, de cómo las sentimos y de cómo queremos sentirlas.

Es nuestro continuo aprendizaje entre lágrimas y sonrisas,
entre amarguras y besos,
entre desprecios y caricias,
entre obsesión y pasión,
entre tu y ella.

Todo ser vivo posee la habilidad de cambiar cualquier experiencia,
y no es cuestión de esfuerzo,
sino de control sobre las emociones.

Este control se logra preguntando al corazón cómo se siente, qué se siente en ese preciso lugar en el tiempo.

Nuestra despierta ignorancia, hace que desconozcamos el lugar donde se origina la fuerza para enfrentarnos a sentimientos de dolor, donde por un ligero instante, la superación de los mismos nos sorprende debido a que el dolor y las adversidades desaparecen, nos sentimos más llenos de vitalidad y con ánimos de seguir adelante en lucha por lo que es nuestro, por lo que nos pertenece. Y sí, es la Esencia, nuestra Esencia.

Todas las experiencias en nuestra existencia significan una Vida, nuestra Vida.

La existencia es nuestra presencia física o espiritual en el universo.

La Vida es el momento en que respiramos,
la representación física del Dios;
ese Dios que late en el interior de nuestro ser.

La Vida es el movimiento de cada latido en nuestro corazón,
cada sueño de nuestra fantasía,
cada emoción de Amor;
ese Amor sentido y expresado en inimaginables formas.

El Amor es quien crea la Vida sin pertenecer a ella,
es la Vida quien pertenece al Amor, proviene de él.

El Amor es energía de la Vida, y la Vida, sensaciones de Amor.

Ahora no te duermas entre la Vida y el Amor,
no descanses un instante,
porque si lo haces,
puede que nunca despiertes.

El poco respeto por la Vida y el Amor nos adentran hacia otra realidad en otro lugar. Ese lugar que quizás ya lo hayamos visitado, ese lugar en medio de ninguna parte, donde se siente un odio tan profundo e intenso que repercute hacia uno mismo hiriéndonos una vez más, destruyendo nuestros sueños y apartándonos de una realidad consciente para después soltarnos al abismo de un vacío interior, un vacío de bajas vibraciones que se satisface llenándose de amargura hacia todo lo que nos rodea. Así mismo, el odio también es una emoción de nuestra Alma, una emoción sin sentido, una respuesta de bajas vibraciones sobre las emociones de Amor propio, que incluso provoca la extinción de nuestra propia autoestima. Esa actitud destructora, vuelve a alejarnos de nuestra Esencia, generando y expandiendo energía negativa.

El Amor surge de la fuente del Alma, su definición solamente es expresada en la creatividad que cada ser humano expresa, en cada gesto de buena emoción, en cada vibración enviada desde su aura hacia el exterior.

La inspiración y la intuición llegan desde esa emoción creada por el Alma, o por inteligencias avanzadas en las que interpretamos nuestra creatividad como únicos intermediarios en conexión con la divinidad.

El odio es lo opuesto al Amor, y no el miedo, aunque una minoría de esta sociedad insista en convencernos del caos que atemoriza sus emociones. Y es el miedo nuestro enemigo, que junto con el ego impiden nuestro crecimiento y desarrollo personal, lo que retrasa aún más nuestra transcendencia hacia lo espiritual.
El odio está involucrado en las sensaciones negativas generadas desde el miedo, en el incesante desconocimiento sobre la felicidad, la falta de altruismo, la falta de toda empatía y la sobrada ira a la que estamos sometiendo a nuestro dulce corazón.
Tanto el Amor como el odio surgen de una emoción, y esa emoción únicamente nace en un lugar; nuestra Alma.

¡ Todo ser vivo tiene Alma, y esa Alma es individual y única !

Somos libres sobre cómo emplear nuestra energía, sin que nada ni nadie nos coaccione, por lo que nada ni nadie es responsable de nuestros actos, excepto nosotros mismos.

Es fácil saber y sentir quién ama y quién odia. Solo observa sus ojos porque serán el reflejo de su corazón, contempla su respiración porque será la expresión de sus sentimientos.

El paso del tiempo nos enseña los errores de odiar, y nos muestra que son tan humillantes en su degradación como ser vivo, que carecen de todo significado espiritual. Y son nuestros propios errores los que provocan alejarnos de nuestro interior, dejando de ser nosotros para entrar en la nada, en la oscuridad, en el bloqueo que nos desconecta de la Esencia vital en nuestro ser de luz.

Tanta energía malgastada quedará en un proceso de aprendizaje, un proceso que a veces es una resignación a entender que quien nos da la fuerza interior para enfrentarnos a las adversidades ofreciéndonos la eterna felicidad, es la iluminación del Alma a través del Amor.

Ella siempre está esperando que le escuches a través del corazón, y no le importa esperarte una eternidad.

¡ Si odias, te odias !
¡ Si mientes, te mientes !
¡ Si fallas, te fallan !
¡ Si olvidas, te olvidan !
¡ Si amas, te aman !

¡ Ahora ya no es momento de preguntar, es momento de escuchar !

La poca fe en nosotros mismos nos fuerza a cambiar, y así olvidar aquello que sentimos en el lugar más profundo y escondido del corazón.

Todos somos Amor,
todos nacemos con Amor en nuestro ser,
no existe energía en el cosmos que pueda cambiar eso.

Somos la esperanza del universo,
ese universo que brilla en el interior de nuestro corazón,
en el centro de nuestra mente,
en el cuerpo de nuestra ilusión.

Seguimos cometiendo el error de entregar Amor solamente a nuestros seres más cercanos, perdiendo al mismo tiempo nuestra capacidad de expandir ese Amor al resto de seres vivos que habitan este mismo lugar.

Aún existe Amor suficiente en nuestra fuente inagotable del Alma para extenderlo por todo el espacio.

Cuanto más Amor entregues,
más Amor engendrarás en tu ser,
más sensaciones de placer brotarán desde tu Esencia.

Nos desconsideramos y despreciamos los unos a los otros, sin valorar que todos somos una gran unión, que nadie es más que nadie independientemente de su religión, sexo, color de piel e ideología.

No caigamos en el error de pensar que una persona es más especial que otra por su color de piel, o por haber nacido en un país, ciudad, pueblo o aldea diferente. Porque ni siquiera un grano de arena encontrado en la tierra es más importante o especial que otro encontrado bajo el mar, es decir, no creamos que cualquier creación en la tierra es más especial e importante que otra en otro lugar de la misma y con diferente forma y/o color.

Todos somos seres vivos, todos somos iguales frente a todo, aunque en este mundo nos cueste admitirlo, y mucho más entender la intención de aceptarlo.

Ten presente que el Amor es el idioma universal y la entidad superior que nos creó en el centro del cosmos. Somos parte de ella, y como tal, somos su representación en un Dios.

Somos quienes nos creamos en este planeta tierra en sintonía con nuestra elevación hacia otras esencias energéticas, somos nosotros quienes diseñamos nuestro aprendizaje en esta Vida.

Nuestra lección en esta existencia es la de aprender a amar, independientemente del propósito de Vida que estemos dispuestos a desempeñar para captar esa enseñanza.

Nacemos con Amor, porque venimos del Amor.

¡ Nos materializamos y desmaterializamos solos !

¡ Nacemos solos y abandonamos esta Vida solos !

Es nuestra vulnerabilidad la que permite que el miedo se expanda para dar paso a la incomprensión hacia uno mismo, a la lejanía de unos sentimientos dormidos en el corazón, y en consecuencia, al desplazamiento y desconexión de la mente con el cuerpo, generando descontrol psicológico y desequilibrio emocional, para finalizar con dolencias físicas. Es el resultado de estar nuevamente en el vacío, aislados de la realidad de las emociones, bloqueando sueños y desintegrando esperanzas.

A partir de ahí, empieza la búsqueda por encontrarse a uno mismo, el regreso a un sueño para sentirse unido a la Esencia con la que se nace.

El espíritu no es Alma,
es nuestra Esencia en la tierra,
nuestra entidad en el cosmos.

El Alma es el núcleo del espíritu,
su inteligencia no programada,
la fuente de energía divina.

Regresemos al presente, a ser conscientes una vez más, que es la Vida quien late en nuestro interior, que es el mundo quien gira tan deprisa que cuando queramos darnos cuenta dejamos de existir en él. Y siempre, siempre es demasiado tarde; demasiado tarde para despertar.

Pero ahora no es momento de pensar,
es instante de sentir;
de sentir esa emoción que te estremece evolucionando a tu lado.

No sigamos cometiendo el error de creer;
de creer que mañana será un nuevo día,
porque quizás no lo sea,
porque quizás no exista.

Quizás mañana hayas terminado una existencia en este planeta al que llamamos tierra, quizás te observes desde otro plano dimensional en el que una suave voz no deje de resonar en tu interior:

¡ Debía haber amado como me amó mi Dios interior !

¡ No debí vivir sin Amor !

¡ Sé que no llegué a existir, porque no sentí !

¡ Tuve inerte mi corazón !

Sin embargo ahora estamos aquí, en el presente. Seguimos vivos, por lo que aún estamos a tiempo de aprender a guiar nuestro flujo de emociones amando incondicionalmente, de comprender a todo aquel ser aislado de sí mismo, de ayudar a aquel que no puede hacerlo solo, de enseñar cómo se puede llegar a la felicidad en esta sociedad, en este mundo y universo al que pertenecemos.

Debemos enseñarle a amar,
*   porque él no sabe y nos necesita en este momento más que nunca.*

¡ Ámale, solo ámale, y esa será la lección soñada que nunca olvidará !

Podríamos ser conscientes de todo ello,
*   pero lo ignoramos hasta el límite de ignorarnos a nosotros mismos.*

A causa de esta discordancia, nos convertimos en materia inerte, materia que vive por vivir, por el simple acto de estar por estar. Materia que sufre por sufrir, que ríe por reír, que muere en Vida al dejar de escuchar a su corazón.

Apagamos la fuente de energía que llega a nuestro corazón,
*   por negarnos a sentir sus palabras.*

Nos hacemos insignificantes ante la Vida y el Amor, ganándonos a pulso el odio que sentimos hacia nosotros mismos en la desesperación de la oscura realidad.

Nosotros los seres humanos, somos los enemigos más crueles con nosotros mismos que ningún otro ser de esta existencia.

Miles de sucesos ocurren a lo largo de esta experiencia de Vida, en ese día a día desplazándose desde el amanecer hasta el anochecer. Pero solo unos pocos lo perciben entre las diversas tareas que realizan en ocupación de su tiempo libre.

Si descansara la generación de pensamientos, entonces podrían dedicarse a recapacitar sobre ellos mismos, a meditar en pleno esfuerzo uniendo su cuerpo y mente con el entorno natural que les rodea.

No solo seguimos sin entregarnos parte de ese tiempo, sino que nos abandonamos en la lentitud del olvido, donde muy despacio y en silencio huimos de nosotros. Mientras tanto, en la suavidad del silencio no sentimos el lazo de unión que nuestro corazón tenía en la profundidad del ser que habitamos, de ese modo dejamos a la mente que se adentre en el vacío creando desproporcionadas irrealidades en nuestros pensamientos y permitiendo alimentar esta rutina trascendental.

¡ Nunca existirá control de nuestros pensamientos,
sin un compromiso responsable !

Equivocadamente se llega a razonar que la mente es lo único que tenemos y somos, lo único que está vivo en los mundos de la lógica y el sentido común de esta sociedad.

Ella tiene ahora el control de nuestro ser,
y si lo tiene es porque lo hemos permitido,
y si lo tiene es porque seguimos avanzando;
avanzando hacia nuestra irresponsabilidad.

He ahí donde empieza todo el desorden, la desconfianza y pérdida de fe en uno mismo, la desesperanza, la desorientación de nuestro significado en el mundo, el sufrimiento de un corazón que termina en un dolor oculto sobre mares de confusión.

¡ Volvemos a estar perdidos nadando entre lágrimas !

Volvemos al mismo océano de un pasado donde dejamos esas lágrimas,
esas lágrimas que aún esperan ser consoladas.

Un dolor que nadie quiere, pero que nadie está dispuesto a cambiar, y sí a lamentarse una Vida entera dejando de sentir el aliento de la esperanza. Un dolor que cuando se aleja, uno olvida lo sufrido e intenta continuar su Vida del mismo modo que lo hacía anteriormente, sin preocuparse de aprender de esa experiencia que mejoraría su ser interior.

¡ ***Las heridas que no se curan, volverán a sangrar !***

No es más que el propio engaño de no captar los mensajes que nos entregan las experiencias de Vida como medio de evolución.
Olvidar para no sufrir nunca más, es la antigua trampa de una lógica en su raciocinio mental, y de una oscuridad que ya no se conforma con cegar nuestros ojos, sino en adormecer nuestra consciencia. Es la astucia de convencernos que hemos de seguir adelante, pero lo hacemos marcha atrás, de espaldas a la verdad.

Triste melancolía,
triste espíritu,
triste ser,
triste Vida,
triste Amor,
triste existencia sin sentido.

Eres libre para alejarte del dolor,
libre para tomar decisiones,
pero esclavo de tus emociones en la eternidad.

Del mismo modo que el que ama se ama a sí mismo,
el que odia se odia a sí mismo.

Abre tu corazón al Amor,
porque sé que lo necesitas al igual que lo necesito yo,
al igual que lo necesita todo ser de esta Vida.

El Amor es lo más importante de todo el cosmos,
hazlo importante en cada experiencia,
en lo más profundo de tu interior.

El Amor lo es todo,
y por eso no tiene un significado,
los tiene todos.

Aquello que lo es todo,
no puede definirse,
únicamente puede experimentarse.

Amar;
es crear,
llenarse de Vida,
abrir nuevos caminos en nuestro interior,
vivir nuevas ilusiones y generarlas en otros corazones.

Amar;
es generar felicidad en todo nuestro ser,
es experimentar nuevas sensaciones,
es transmitirlas a quien a nuestro lado se encuentre.

Amar;
es sentir cada poro de nuestra piel,
cuando en cuerpo y Alma nos entregamos.

Amar es la realización de nuestras ilusiones de Amor y humildad,
hacia todo nuestro entorno.

Así siento yo. Y ahora dime: ¿ Cómo sientes tú ?

Imagina un sueño porque surgirá una idea,
crecerá una forma y dará Vida a tu creación.

[18/01/2011]

III

EL SUEÑO
- Su estancia en el tiempo -

En cada uno de nosotros habita la iluminación de un sueño, y su belleza se desprende a través de este plano de realidad. Un sueño que vive en armonía dentro de nuestro corazón, que se esfuerza en no perder la esperanza de volver a ser creado.

Son los sueños de Amor los que nunca terminan, indescriptiblemente se abrazan al corazón como si formasen parte de su piel, el resto, quedan abandonados en mitad de ninguna parte. Mientras tanto, en la tristeza y desolación, mantenemos la esperanza de volver a ese ser con el que nacimos, de recuperar nuestra Esencia divina y así abordarlos nuevamente en armonía.

En la espera de esos sueños expresamos lo que sentimos, sea bueno o no tan bueno a los ojos de quien observa, a los oídos de quien escucha, al corazón de quien capta esa expresión de energía. Lo importante es que hemos sentido, y eso significa Vida, significa que existimos. Damos presencia una vez más sobre nuestra existencia emocional.

Desde todos los tiempos la humanidad ha intentado enseñar a amar sin Amor. Enseñanzas teóricas que con los años confundían inmaduras emociones en discípulos, y que más tarde perdían toda orientación de la verdad.

Nunca podremos transmitir enseñanzas de Amor sino vibramos en su armonía, porque solo la armonía es capaz de canalizar la Esencia energética de quienes abren su corazón a las enseñanzas divinas basadas en leyes universales.

Un corazón cerrado solamente sabe endurecer el caparazón de la incomprensión, que sin apreciarlo agranda su vacío de Amor consumiendo su propia energía vital, la energía de cada órgano de nuestro cuerpo. Este aislamiento bloquea nuestra Esencia consciente, y la incertidumbre de un futuro nos llena de preguntas sin respuestas. Momento en el que damos paso al miedo para controlar este pensamiento en el que reconocemos que desde nuestro nacimiento nos persigue la inexistencia en este lugar. Y sí, algún día dejaremos de existir en este mundo porque nos encontrará. Pero cuando eso ocurra, ¿ Dónde quedará evidencia de nuestra existencia en la tierra ?.
Únicamente, seremos recordados por el Amor que hayamos entregado en Vida a través de nuestros actos de sensibilidad con los seres vivos y el entorno natural. Actos manifestados en acciones de Amor representadas en creación; creación reflejada en el arte de la creatividad expresada desde una transmisión de sentimientos puros pertenecientes a una magia impregnada de nuestra Esencia.

El Amor está ahí,
abre los ojos y observarás cómo levanta montañas,
cruza océanos y vuela,
se mueve con el viento de un lado a otro en tu interior.

¡ Ahora que lo sientes en ti, nunca lo dejes escapar !

Atrévete a propagarlo,
porque cuanto más lo hagas,
más inmensamente feliz te sentirás.

¡ No es magia, es ley universal !

Siente, piensa, habla y actúa con Amor, porque ello hará que las frecuencias de tu ser generen buenas vibraciones de energía conectándote con la entidad del Dios al que pertenece tu Esencia divina.

No olvidemos que el tiempo en la tierra no se para, continua avanzando al ritmo de nuestra percepción de la realidad, unas veces en nuestra respiración y otras en nuestra mente, por eso el tiempo no existe en el cosmos, solamente existe en un pensamiento, en una idea lógica y no por ello acertada.

El tiempo en esta Vida no es más que un invento del ser humano por miedo a la estancia limitada de su cuerpo físico en la tierra, miedo por dejar a sus seres amados, miedo por desprenderse de posesiones acumuladas, miedo por abandonar placeres experimentados, miedo por desconocimiento de lo que hay al otro lado de la inexistencia material. Ello debería hacernos conscientes de que vivimos en una sociedad gobernada por el miedo, algo que dejamos exista en nuestro ser.

> *La realidad actual nos muestra,*
> *que cuanto más alejado se está del corazón,*
> *menos oímos sus palabras,*
> *menos entendemos la realidad en la que vivimos.*

Vivir significa no tener presente el paso de horas, días, años. El tiempo dejará de existir en nuestra mente, cuando entendamos que, nuestra energía como seres de divinidad en este universo es infinita.

¡ Sentimos una realidad en la que somos presa de miedos inexistentes !

Mientras tanto,
el mundo espera;
espera lentamente su salvación en el escenario;
aquel escenario preparado para una melodía,
para esa canción que todos anhelamos escuchar,
y quizás,
sentir en las profundidades de nuestro ser.

Quizás esa canción que antes de ser oída,
ya sentimos su presencia en nuestro interior.

Es la música quien nos guiará,
y lo hará hacia estados donde nuestros miedos se desintegrarán en sonidos;
sonidos de una armonía enamorada.

Música, esa vibración mágica que proviene del exterior con la fuerza necesaria para canalizar en nuestro corazón sin intermediar con los pensamientos.

Música, esa vibración originada en un Alma como la nuestra, en un ser como nosotros y en la misma existencia que respiramos.

Debemos conservar siempre la dulzura que sentimos en el interior, la cual es expresada en la Esencia con la que nacimos, y que con el tiempo no encontramos explicación de cómo la vamos perdiendo, de cómo la recuperamos y de cómo volvemos a perderla.

Se trata de una lucha constante,
      nuestra lucha por mantener siempre esa llama encendida,
         ardiendo en nuestro corazón,
      nuestra lucha por memorizar que el Amor es lo más importante;
lo más importante en la pureza y en la Esencia de lo que nos da Vida.

Esperaré una eternidad para estar de nuevo a tu lado.

[27/11/2013]

IV

LA ESPERANZA
- Escondida en el olvido -

¡ La inmensidad de la esperanza se esconde en nuestros sentimientos !

Quizás por temor o vergüenza, permanece en nuestro interior donde llora y sufre encerrada en sí misma. Hemos creado su propia cárcel donde se va endureciendo, donde va cerrando todas las posibles salidas a la emoción de expresarse. Con el paso del tiempo, esa esperanza morirá y dejará de existir como sentimiento. Para entonces, serán los miedos quienes llenarán su vacío de una seca y fría sensación hasta crear grietas en el corazón, y que como resultado, aparecerán las huellas de un sentimiento alejado del cuerpo, señales de la desaparición del Amor.

No somos capaces de preguntarnos el por qué de esa sensación, el por qué observamos que nuestro cuerpo cambia, que nuestra mente se cierra a la comprensión y aceptación de leyes universales que solamente contemplan al Amor como origen de una creación.

Es ella, la esperanza, quien nos ayuda a establecer comunicación entre nuestra mente y nuestro corazón.

Pero ahora se encuentra herida, triste y en melancolía.

Sigue escondida;
escondida en la profundidad de ese eterno vacío al que fuiste.

Sigue en el miedo de tu intención;
intención de soltarla en el abismo de tu inexistencia.

Es nuestro corazón quien necesita esa atención de ser escuchado incondicionalmente por la mente. Él es la base y el único recurso de un ser vivo para que su fuente de energía emane conocimiento hacia el lugar donde se originan los pensamientos.

Es difícil,
para quien no tiene fuerzas de mantener la esperanza en su interior,
para quien no tiene fe en sí mismo,
para quien no se deja ayudar,
para quien piensa que todo es un absurdo y carente de sentido lógico,
para quien cree que lo sabe todo,
para quien ha sido subyugado por el egocentrismo,
para quien perdiendo la esperanza ya no existe en el Amor ni en la Vida.

Sabemos cómo actuar, cómo empezar a sentir el verdadero Amor en nuestro interior, conocemos sensaciones que al no expresarlas se guardan en nuestro vacío interno frustrando nuestra existencia.
Sin embargo, conscientemente elegimos no actuar, y con ello nos decimos "no al Amor", y "sí a la vulnerabilidad, al miedo y a la infelicidad".

Cuando el Amor se percibe en un pensamiento,
todo carece de importancia y sentido,
todo es un estado en el que nada existe,
porque nunca nació.

Un estado donde no hay lugar para las fantasías,
para los sueños en caricias de Amor,
para el despertar de unas adormecidas emociones.

La dulzura escapó en un mar de sollozos,
y ahora permanece en tus mojadas manos,
en el tacto del rostro que acaricias,
en los ojos que gritan libertad;
libertad para empezar de nuevo.

Nadie llega a conseguir en esta Vida, ni en cualquier otra, la felicidad absoluta al lado de otra persona sin que antes esta exista en su ser. Y para ello hay que escuchar al corazón y creer en él con rotunda convicción y fe. Porque la fe en nuestro corazón, es repercutida en fe hacia el espíritu. Esa será la fuerza que nos salvará del vacío existencial nutriéndonos de esperanza. Porque de lo contrario, nos consumiremos en la negatividad donde todo parecerá tan arrogante y absurdo al mismo tiempo que no percibiremos el mensaje de quien intenta en un momento de la Vida, ayudarnos del modo más sincero y altruista. Tal es así, que la ignorancia se apodera de nosotros sin darnos tiempo a reaccionar ante la interpretación de las palabras que nuestro corazón trata de transmitirnos.

Somos vulnerables ante los eventos externos cuando olvidamos al corazón, cuando dejamos de creer que llevamos Amor en nuestro interior, cuando dejamos la emoción a un lado y nos centramos en olvidarla creyendo que esa actitud de lógica surrealista es clave para no sufrir. Sin embargo, ese surrealismo es clave para no aprender, para no evolucionar, para no despertar esta adormecida consciencia que nos dirige a ninguna parte.

¡ Tarde o temprano, la realidad llegará a tu Vida !

Te guste o no,
serán duras sensaciones,
aquí y ahora,
o quizás,
allí y mañana.

Tu camino está predestinado, encaminado a despertar la consciencia de tu propio ser, a utilizar y transformar el dolor como recurso positivo en tu evolución y en tu capacidad de amar.

Al llegar a una consciencia despierta, la felicidad sentida se ocupará de hacer el resto, y lo hará en nuestra armonía evolutiva, donde podremos captar el máximo conocimiento universal, experimentándolo en otro plano de realidad, una realidad donde ya no existe el sufrimiento como aprendizaje.

Seguimos conducidos por la incredulidad, esa variante del miedo que nos obliga a no hablar de Amor, a no encontrar de nuevo el sentido y el sentimiento que nos trajo a este universo, a este mundo y a esta Vida.

Solo si amamos, nos encontraremos en un estado de evolución sin dolor, una evolución donde no será necesario utilizar el sufrimiento en su dolor para ser transformado en conocimiento, y solo para entonces, estaremos besando el Alma, besándola en una dimensión espiritual muy cerca de la realidad.

¡ Solamente Amor, Amor y Amor !

¡ No busques en el exterior, ni más allá !

Busca en tu interior,
porque ahí se encuentran las respuestas,
únicamente aquellas que necesitas conocer ahora.

Busca en tu interior,
porque ahí se encuentra tu felicidad,
tus sueños enamorados,
tu ente de luz.

Mientras no despertemos nuestra consciencia mental y lo hagamos desde la energía del Alma, seguiremos inmersos en la infelicidad, seguiremos vulnerables a los miedos, a las manipulaciones externas y al dolor en lágrimas.

Dentro de esta sociedad patriarcal, materialista, consumista y competitiva en la que vivimos; oímos continuamente la palabra Amor. Pero, ¿ Cuántos hemos sentido su vibración desde el corazón ?.

Es real que respiras,
que oyes, ríes y lloras.

Es cierto que en tu cuerpo la sangre fluye,
que en tu piel el frío y el calor sientes.

Es verdad que tus ojos expresan al mundo cómo es tu corazón,
y el interior de tus emociones.

No es fácil entender, cómo un cuerpo con tantas capacidades como posee, aún se niega a confesar que lloramos intensamente, que oímos el Amor que sale de nuestras profundidades.

Seguimos deseando captar emociones diferentes,
quizás mejores fuera de nosotros,
sin antes captar lo único que sí es nuestro,
algo que nadie podrá arrebatarnos,
algo que nadie podrá tocar pero sí sentir.

¡ No es más que el Amor !
Estamos hablando de Amor.

Cada ser vivo es capaz de amar sin ser enseñado, el único maestro es uno mismo, el único gurú mental es uno mismo, el único Amor es uno mismo.

¡ Si sentimos emociones, podemos amar !

Las emociones generan sentimientos, la mayoría de ellas son innatas y se expanden en una comunicación a través del lenguaje, de los actos y desde cualquiera de nuestros sentidos.

Y si jamás escuchaste al corazón,
no dejes de intentarlo ahora,
no dejes esta existencia sin saber el sentido que tienes en la Vida,
lo tan importante que eres para este universo,
lo tan importante que eres para toda la eternidad,
lo tan importante que eres para tu propia Alma.

Porque si llegaste a esta Vida, fue por algo que quizás ahora desconozcas, pero que muy pronto lo descubrirás en el lugar más alejado de ti.

Es nuestro corazón quien posee más sabiduría que toda nuestra mente desarrollada al máximo de su capacidad. Él es quien envía más información a la mente que esta al corazón. La mente tiene la capacidad de extraer la Esencia del universo y transformarla en conocimiento hacia el corazón, sin embargo, el conocimiento inicial que emana el corazón le fue transmitido por el Alma mucho antes de esta existencia.

Las emociones que sentimos están en continua ebullición y son germinadas por el Alma, quien estimula a nuestro ser, quien abre camino a nuestra mente para que esta despierte a la Vida, y así abrir el paso a la circulación de la felicidad.

Desde épocas remotas se estableció que la mente era el centro o fuente de energía y conocimiento de un ser vivo, y no deja de ser un error que aún hoy en día se siga pensando de ese modo.

La fuente de energía y conocimiento en un ser vivo se encuentra en el corazón, siendo este la parte vital de su existencia, el lugar que ocupa nuestra Alma, la cual emana emociones a través de él; emociones que se transmiten por cada célula del organismo con la frecuencia vibratoria adecuada hasta llegar al aura.

Es el Alma quien abre el flujo de energía entre corazón y mente, momento en que se establece conexión entre nuestro espíritu y el universo a través del poder de nuestra mente.

¡ Abre tu corazón acotando ese vacío existente entre cuerpo y mente !

Porque aunque no veamos su magia,
la sentiremos en cada latido.

Un corazón abierto será como una flor,
una flor que ni la eternidad será capaz de marchitar,
ni el viento de mover,
ni el sol de alimentar.

Esa flor hermosa y limpia,
vive en el agua mientras flota en el aire.

Permanece a la espera de tu llegada deseando que ames en caricias.

Anhela que vuestro encuentro sea especial,
porque llegará su voz,
una voz que escucharás en tu interior.

¡ Busca esa flor, es tu esperanza !

La Vida es perfecta, te guste o no, ella lo tiene todo.

[05/07/2016]

V

LIBERTAD
- En un momento de nuestra Vida -

Un instante sobre un espacio de tiempo en el vacío, un pequeño susurro en la belleza de una emoción, una lágrima en unos hermosos ojos, un latido profundo que provoca Vida a través del corazón recorriendo todo tu ser sin dejar piel por explorar, alcanzando ese sentimiento que emerge de aquello llamado "libertad de amar".

Una libertad que podrás hallarla allí donde desees encontrarla,
allí donde desees sentirla.

Esa libertad existe;
y existe del mismo modo que ahora sientes Vida en tu interior.

No hay barreras en la libertad de amar,
porque no hay límites en el Amor.

Disponemos de libre elección en nuestra actitud, en crear a nuestro alrededor todas aquellas barreras y muros que deseemos para hacer difícil lo ya fácil. De ahí que la Vida sea todo lo complicada y cruel que nosotros queramos, o lo sencilla y tierna que deseemos. Todo ello es el resultado de un conjunto de experiencias que parten de nuestras libres elecciones.

Tus experiencias en esta Vida son el resultado de tus decisiones,
por tanto es la Vida que quieres tener,
de lo contrario harías algo por cambiarla.

Somos los únicos que consciente o inconscientemente tomamos las decisiones que sentimos y/o pensamos, y sin embargo culpamos a la propia Vida, a la sociedad, al mundo y al Amor de los errores cometidos por nuestras propias decisiones, olvidando que somos los únicos responsables de lo que sucede a nuestro alrededor.

Nada ni nadie es responsable del resultado de nuestras decisiones, excepto nosotros mismos.

Entendamos que las emociones generadas de esos aciertos o errores son para aprender, ya que amar es la primera lección de nuestra Vida y el significado real de cada existencia.
Aún seguimos siendo más libres de lo que nos imaginamos, tanto en nuestro interior como en el exterior.

¡ Las únicas cadenas que nos esclavizan a la felicidad, son las emociones !

No debemos creer, y menos aún sentir, que el Amor está limitado por el color de piel, religión, cultura e ideología. Porque pensar o sentir así, no es más que construir muros cada vez más altos, más gruesos e impenetrables en su amargura, muros que no dejan apreciar la inmensidad de la felicidad, siendo inimaginable e inalcanzable en ese instante.

Permite al intelecto abrir los ojos, libérale de falsas creencias, de mitos inexistentes, de paradigmas obsoletos, de irregularidades e injusticias sociales, de sueños inalcanzables. Mantenle cerca del flujo energético que se percibe desde tu propia luz.

Ahora es nuestro momento; el momento de respirar profundamente, el preciso instante en el que disponemos de toda la fuerza necesaria para seguir trascendiendo lejos del vacío de la desesperación.

No esperes a mi lado porque nada ni nadie vendrá a rescatarnos,
esta es nuestra batalla interna e individual,
lejos de la ignorancia,
lejos de los miedos,
lejos de océanos ensangrentados en lágrimas.

Hemos llegado a este lugar junto a otras almas, hemos encarnado en cuerpos de diferente color de ojos y de piel, pero no imagines distintas razas humanas porque solamente hay una, aunque podamos crear en nuestra irrealidad todas aquellas que precisemos desde el sentido mental e involución más absurdo.

¡ No hay más que una raza, y esa raza es la raza humana !

Todo ser humano está constituido con la misma integridad de sentimiento y Amor; de Vida y transformación.

Inventos como la política y la religión, han contribuido a separar y clasificar a la humanidad, en un intento de controlarla a través de miedos ocultos en mentiras.

¡ No existe más que una religión, y es la del corazón !

Religión existente en la fe,
la fe en nuestro ser,
el lugar donde está Dios,
un espacio en el tiempo donde acaricias la divinidad.

Una fe que pide a gritos Amor y Paz interior. Y no siempre podemos captarla con tanto ruido externo al que nos sometemos inconscientemente y del que nos rodeamos conscientemente.

Nuestro intelecto, el cual interpreta lo que vemos partiendo de la lógica y nunca desde la fuente de las emociones, obtiene como resultado que no sabe nada del corazón, no entiende por qué ha logrado sentir algo llamado Amor sin necesidad de aprenderlo, estudiarlo y menos aún vivirlo.

¡ El intelecto solo es consciente del vacío en el que se encuentra !

Nuestra forma de amar no está condicionada por la cultura, de modo que nada nos haga creer, que en el mundo se ama de modo y forma diferente dependiendo de cómo se desenvuelven los sentimientos en diversas zonas de la tierra.

Lo único cierto, es que en esta Vida se Ama o no se Ama, y esa es tu decisión para entrar o no, en el crecimiento espiritual.

¡ No busques más opciones porque no las hay !

¡ No divagues más porque alcanzarás confusión !

Entristece saber que cada día que no realizamos la introspección en nuestro ser, vamos perdiendo conexión con nuestro corazón, y lo verdaderamente trágico es que desconozcamos el motivo o circunstancia que lo va alejando de nosotros.

En una posible recapacitación, sentiremos que la esperanza nos sonríe y nos adentra a una probable solución, un sendero cercano por el que regresar al corazón.

Somos seres,
los únicos capaces de guardar el Amor vivo en nuestros cuerpos,
capaces de sentir la inmensa felicidad escuchando a nuestro corazón,
provistos de la fuerza suficiente para lograrlo,
para enfrentarnos contra aquello que nos impida amar a otro ser vivo,
porque quizás,
ese otro ser vivo seas tú.

Es la pesadilla de una sublime ignorancia, la ignorancia de esperar que nos Amen sin que antes mostremos Amor hacia nuestro ser, siendo ese Amor nuestra entrega a los demás.

No podemos permanecer ni siquiera un instante de nuestra Vida con la idea de esperar Amor sin antes entregarlo, y menos aún sin antes sentirlo. Esto desordena nuestros sentimientos al final del día, en cada noche, en cada sueño de Amor.

No existe otra salida, que la de ser nosotros los primeros que demos el paso de amarnos, y después amar sin esperar nada del otro lado. Será el comienzo de la expansión del ser de Amor que todos llevamos en nuestro interior.

Iniciemos el paso de amarnos a nosotros mismos,
continuemos entregando Amor más allá de nuestro alcance,
y después,
solo espera encontrar el aire en tu respiración.

Probablemente aún no apreciemos la inmensidad de este universo por carecer de sentidos extrasensoriales, pero sí sentimos lo profundo que puede llegar a ser el Amor, lo vivo y gratificante que es tenerlo siempre en nuestro interior.

En cualquier lugar del cosmos lo fácil es odiar, pero aún más fácil es amar.

Si verdaderamente el Amor para ti es lo más importante en la Vida, entonces sabrás lo ilimitado que es el cosmos sin necesidad de haberlo comprobado, simplemente porque ya lo habrás sentido.

¡ El estado de felicidad solamente se encuentra en el Amor !

El Amor que descansa en la fuente de energía, recorre cada lugar de nuestro cuerpo expresándose al exterior y sobre nuestro aura, en forma de Vida.

Un medio a experimentar una superación en nuestro crecimiento personal es amar a otro ser, siendo el acto más bello y natural que podemos llegar a sentir. Un Amor que será reflejado en ese otro ser, y especialmente así nos sentiremos amados de modo recíproco.

Habla a tu corazón,
y alcanzarás la libertad de amar en felicidad,
porque él nunca dejó de escucharte.

La Vida es,
la sensación de vivir una realidad mientras duermes.

[29/12/2015]

VI

VIDA
- Realidad de sueños -

En los momentos más tristes la melancolía se adueña de nuestro cuerpo, donde lágrimas y llantos se expresan en forma de una canción de agua deslizándose sobre la piel. Será su modo de acariciarnos lo que nos consuele, lo que nos estimule para afrontar la Vida con la mejor delicadeza hacia nuestra fuente de emociones.

La Vida se siente en nuestra Alma, en nuestro corazón, en nuestra piel, en vibraciones de nuestra aura y en toda la energía concentrada de la que formamos parte.

¡ Y es en este preciso instante cuando estamos sintiendo esa Vida !

Una Vida que se originó por primera vez en nuestra existencia como seres universales, y que nuestra Alma nos materializó en este lugar.
Una Vida que muy pocos de nosotros la aprovechamos en su máxima plenitud, viviendo por vivir y a la espera de la desaparición. Quizás con el objetivo de averiguar si tenemos otra oportunidad donde no exista sufrimiento.

Deberíamos ser conscientes, que si estamos vivos ahora y en este planeta, es para vivirlo con toda la intensidad dentro de cualquiera de nuestras posibilidades, y es esa intensidad la que se magnifica en acciones de entrega de Amor. Porque ya llegará el momento de no estar en este mundo y aparecer en otro lugar, donde también descubriremos sensaciones que nos harán sentir los seres más agraciados del cosmos.

La esperanza deja de existir por desamores, mala suerte, sentimientos de fracaso por sueños inalcanzables, deseos inaccesibles. En definitiva, seres que ven truncada la felicidad que creen necesitar en este mundo, sin embargo la observan viva en la inexistencia. Seres que no están equivocados, ya que más allá de este mundo existe también una experiencia de Vida en plenitud constante de felicidad.

Aquel ser que pierde la esperanza,
genera miedos y transmite dolor,
muere dejando de sentir una Vida en su interior.

Su existencia se aliena a sus fracasos,
permite que la ira y la rabia se establezcan en su interior,
haciendo de él una persona agresivamente negativa;
negativa a los ojos de quienes están siendo sus víctimas.

Su vibración transmite su propio dolor a otros seres cercanos, creando una cadena de sufrimiento en la que los eslabones somos nosotros mismos.

Una cadena que ha de ser destruida,
destruida para que podamos liberarnos del miedo,
o de su miedo.

Todo en la Vida tiene solución, e incluso nuestra desaparición física, porque siempre podremos reflexionar si volver a la Vida en otra encarnación.

Absolutamente todo es posible, ya que quienes sienten la fuerza del Amor en su corazón, no sienten el fracaso ni la desesperación por no conseguir nuevas esperanzas, sueños y/o propósito de Vida.

¡ Quien no se esfuerza por llegar a su interior, deja de existir en Vida !

Seres que aman con plena libertad y sin temor a los altibajos de la Vida, son seres como nosotros. Lo único que nos diferencia de ellos, es que se han molestado en escuchar al corazón, en hacer o actuar en la Vida tal y como su intuición les guía. Desarrollan en la Vida lo que les apasiona, vibran en altas energías absorbidos por su creatividad y por sus actos de Amor.

Aunque viven sintiendo buenas emociones en su interior, también fueron seres vivos que llegaron a perder la esperanza, y que un día despertaron para darse otra oportunidad, para seguir viviendo; viviendo con el objetivo de conocer a fondo otra realidad que descubriera lo que llevaban en su interior. Son ellos los afortunados, los dichosos en reconocer que esa es la clave de la felicidad en este y en todos los lugares del universo.

Hoy, viven enamorados del Amor sintiendo la felicidad en cada latido de su corazón. Unos sienten esa sensación junto al Amor de su Vida, otros al lado de la esperanza de encontrar pronto su otra mitad, el resto creen que el Amor de su Vida está más cerca de lo que sienten y más lejos de lo que imaginan. Será su cambio de consciencia quien les haga llegar a su encuentro, al lugar donde hace tiempo debían estar.

No es tarea fácil sentir Vida en nuestro corazón,
y dependerá de cuánto estés dispuesto a escucharlo,
y si deseas o no amar en plena libertad dentro de una Vida de tres días.

Tres días, donde nuestro nacimiento da lugar al primero, la no existencia al tercero, mientras el segundo día está reservado únicamente para amar.

Un único día dedicado al Amor es suficiente para demostrar, tanto a nosotros mismos como a los demás, que somos capaces de alcanzar nuestros sueños, y sobre todo, la tan anhelada felicidad del verdadero Amor.

¡ Mientras vivas en este lugar, no descanses persiguiendo tu sueño,
después se te entregará una eternidad para relajarte !

Todo ser vivo entra en este mundo con capacidad de superar adversos estados emocionales. Y aunque esa capacidad vaya deteriorándose a medida que avanza su existencia, no justifica su ceguera en el aprendizaje de amar.

Un Amor,
que en muchas mentes parece absurdo y sin sentido,
al creer llevar el dolor consigo.

No siempre las circunstancias son como nos gustaría que fuesen, por eso mismo, cuando algo no sale como esperábamos debemos confiar en que ello dará paso a algo mejor, a una nueva etapa de nuestra Vida más completa y estable, por muy reacios que por naturaleza seamos a los cambios. No solo aprenderemos una nueva enseñanza, sino que además nos negaremos a volver a la situación anterior, y que todo, tanto lo bueno como lo malo, ha servido para progresar y avanzar hacia una evolución consciente.

No hay nada malo ahí fuera,
ni tampoco ahí dentro,
tan solo una mala experiencia que generó crecimiento personal.

De modo que lo considerado como algo negativo debemos transformarlo en positividad, simplemente por ser una enseñanza más.

Es nuestra adaptación a la Vida la que se siente forzada,
aunque siempre mantendremos la elección de:
con qué momento quedarnos,
qué ideas memorizar,
qué experiencias recordar.

¡ La Vida no sería perfecta si no tuviese de todo !

Y seguiremos sin evitar que surjan imprevistos que nos causen dolor. Y esto sucede porque ahora estamos dentro de esta experiencia de Vida, y debemos ser conscientes que nos encontramos en ella desde el momento en que nacimos.

Somos nosotros quienes nos hemos dado la oportunidad de aprender experimentando emociones.

Esto no quiere decir que estemos manejados o dominados por un destino, sino que es en este lugar donde hay que realizar los esfuerzos necesarios para alcanzar niveles de consciencia espiritual, y para ello debemos transcender desde un sólido crecimiento personal.

Nada más nacer entramos en una experiencia en la que solamente participa nuestra Alma, mientras nuestro cuerpo habita como ente físico.

Experiencia que se completa cuando conseguimos amar en un solo día, ese segundo día de nuestra estancia en esta tierra. Alcanzando ese reto, habremos logrado el propósito de Vida más imprescindible dentro y fuera de nuestro ser.

Dentro, porque hemos superado lo que creíamos imposible cuando al borde de la no existencia nos encontrábamos, y no era otra cosa que continuar viviendo. Y fuera, porque hemos dado todo ese Amor que sentíamos en nuestro interior a otro ser, desplegando nuestras alas de Amor hacia los demás.

Y lloraremos de alegría cuando entendamos, que hemos sido capaces de hacer sentir la plena felicidad de Amor en el corazón de todos aquellos seres a los que hemos amado incondicionalmente.

> *Es ahora,*
> *cuando todos los que hemos entrado en tu Vida,*
> *sentimos lo mismo que tú.*

Quien pierde el Amor deja que su Esencia ya no vuelva a habitar en su ser, pierde la capacidad de perdonarse en la eternidad, y su destino será su desintegración como entidad sobre los niveles establecidos en leyes universales; leyes universales que deben ser cumplidas por todas las entidades que deseen entrar en un reino de divinidad, y perder el Amor las incumple. Parece ser que la entrada a un reino de divinidad es la cúspide, motivo por el cual hemos diseñado esta experiencia de Vida.

Nuestro esfuerzo en este lugar, se suma al ser consciente de que vivimos en una época en la que el consumismo y el sistema político conducen al ser humano a una transformación robótica, en la que se le extrae su energía o fuerza vital para que deje de sentir, pensar o cuestionarse el sentido de su Vida en esta existencia.

A esto se añade los "sistemas empresariales", los cuales se encuentran inmersos en conseguir más y más poder tratando al ser humano como un recurso más, una inversión de tipo física y/o psíquica, con el fin de obtener el máximo beneficio al menor coste y tiempo posible a través de la explotación. Se trata del inicio hacia una despersonalización y degradación del ser humano, debido a una falta de inteligencia emocional por parte de los miembros que dirigen empresas.

La sociedad empresarial, junto con los medios de comunicación y entretenimiento, construyen un "sistema" orquestado por seres negativos que gobiernan países a través de sus políticas esclavistas y de sumisión. El poder es su objetivo, el dinero su medio, y el miedo su arma más directa hacia nuestra integridad.

Bloquean nuestros pensamientos con sus miedos entre guerras injustificadas, junto a las guerras ya justificadas que cada uno de nosotros ya experimentamos en nuestro interior.

En la actualidad, sus inversiones en investigación generan nuevas necesidades para que los productos y/o servicios que están siendo consumidos, lo sigan haciendo junto a los nuevos. De ahí que las innovaciones sigan justificando sus fines maquillando los medios.

Bloquean nuestros instintos con el objetivo de introducir deseos materiales que no necesitamos.

Y somos nosotros los que nos vemos obligados por mantener deseos innecesarios en un nivel o calidad de Vida, a ser partícipes de esas investigaciones que perjudicarán a otros seres vivos, afectando finalmente a nuestro entorno natural.

> *¡ Perjudicando a otro ser vivo,*
> *estaremos perjudicándonos a nosotros mismos !*

Esta actitud recíproca, se encuentra muy lejos de cumplir las leyes universales de amar a nuestro Dios, porque sino amamos a los demás es que no nos estamos amando a nosotros mismos.

Ahora, en este momento, tienes el poder de desequilibrar este corrupto "sistema" y hacerlo desaparecer para siempre. Esta decisión no depende de nadie, tan solo de ti.

> *Si continuamos persiguiendo un poder externo,*
> *estaremos destruyendo nuestro interior,*
> *y lo que es peor,*
> *el de los demás.*

Hemos de despertar la consciencia mental, abrirla para dejar que fluyan emociones a través de ella y así generar más Amor entre nosotros, porque de lo contrario volveremos a que nos hagan creer tanto el "sistema" como la sociedad, que como personas debemos sentirnos realizados con nuestro trabajo a nivel profesional. Y aunque el trabajo en ocasiones no exija sacrificio, lo justificamos igualmente por una supervivencia.

Y es el egocentrismo, quien siempre ha apoyado ese trabajo a cambio de un excelente salario y una reconocida carrera profesional, que por lo general, es más elogiada por los demás que por uno mismo. Esto no deja de ser el resultado de abandono del ser humano como ser individual y libre, donde ya no se tienen en cuenta los sentimientos originados en su propia Esencia natural.

En medio de tanto sacrificio por trabajo, y por mantener el ego en su lugar, pasamos a un estado de máquinas inexpresivas capaces de dormir los sentimientos con lógico razonamiento calmando nuestra conciencia al final del día.

Un ser que ha perdido el contacto con el origen de su existencia,
la conexión con su Alma,
y ahora vive inerte desaprovechando el tiempo.

Momento en el que resurgen demasiadas definiciones sobre el significado que esta sociedad da al nombre "Dios". Concepto que sigue siendo transformado y desarrollado individualmente, por y para cada uno de nosotros. Unos en sentido religioso, otros utilizado como amuleto para afrontar un éxito a nivel profesional, o simplemente una superación de diversos obstáculos a nivel personal.

Parte de nuestra evolución reside en empatizar con los demás, sin embargo, no hacerlo es señal de que algo en nuestro interior funciona en desequilibrio, y por tanto, en disfunción hacia una sincronización con el universo.

No permitamos que por nuestra naturaleza,
sigamos siendo reacios a los cambios.

¡ Transcendamos de lo físico como seres evolucionados !

Has llegado a este mundo a aprender a amar,
y será tu modo de evolucionar.

[06/07/2016]

VII

REVELACIÓN
- Muy lejos de tu presencia -

Es afrontar los desamores con más madurez y esperanza,
sin odio ni resentimientos,
sin esperas ni prisas,
mirando hacia delante,
donde cada paso que demos será el encuentro de experiencias,
y de un nuevo conocimiento.

Desde que la Vida existe en esta tierra, todo ser vivo ha sentido, siente y sentirá el deseo de amar. Sentirá siempre la necesidad de unirse a sus semejantes, ya sea mental, física, emocional y/o espiritualmente. Y lo hará porque es su Alma quien lo desea mucho antes de que abriera sus ojos a este mundo.

Desde una fuerza interior emerge la unión de dos almas, las cuales unidas formarán el espacio necesario para llenar vacíos espirituales que cada ser vivo individualmente completa un su evolución. Su compenetración formará una única entidad, un ajuste perfecto en el Amor, un recorrido en la existencia como compañeros de viaje hacia una unión espiritual. Para que todo esto suceda, no es necesario pensar en la perfección, sino en el propio significado de unión entre dos seres mientras se elabora nuestro crecimiento personal.

Gracias a ese Amor, ahora estamos aquí sintiendo Vida, o quizás intentando sobrevivir dentro de una existencia lo más placentera posible en nuestro interior, aunque estemos expuestos a convivir con circunstancias externas e inesperadas que en ocasiones abruman hermosos momentos haciéndonos creer que solo estamos aquí para resolver problemas.

El Amor siempre está presente en nuestra Vida y en nuestro cuerpo. De ese modo, en los bellos instantes en los que nos enamoramos, nos sentimos los seres más agraciados de este lugar al tener la oportunidad de entregar nuestro Amor y energía incondicionalmente. Desde nuestro interior se ejerce una leve fuerza que rompe nuestros esquemas psíquicos provocando que nuestra mente pierda el control de todo aquello que nos rodea mientras quedamos sumidos en un estado al que llamamos felicidad.

Esto no quiere decir que no pensemos o que estemos fuera de lugar en esta realidad, sino que rozamos la inmensidad del Amor en una situación que no es descriptible. Solo aquel que lo siente sabe, aunque no pueda explicar, aquello que se mueve en su interior, aquello que arde en su corazón.

Únicamente podremos entregar todo nuestro Amor sin miedo al sufrimiento, y todo esto sucederá cuando hayamos depositado el que necesitamos para llenar nuestro vacío interior.

Nadie, absolutamente nadie dispone de la capacidad de evaluar si un ser ama más que otro. Lo que sí es posible conocer, es la percepción de ese Amor en nuestro corazón proveniente de quien nos ama.

El deseo de amar y unirse, crea la fuerza hacia una sensación de amarse en cuerpo y Alma, transformando los esquemas tradicionales de cualquier cultura. Esto nos hace reflexionar, aunque no llegamos a la conclusión de interiorizar que cada ser es único tanto en lo más profundo de su corazón como en la interpretación de sensaciones, así como en la emanación de su energía vital.

Poseemos un instinto innato de amar, y sabemos el modo de expresar ese sentimiento hacia los demás sin que nos lo hayan enseñado. De modo que evitemos hacerlo difícil optando por cerrar nuestro corazón. Permitámonos hacer llegar al mundo toda la magia cubierta de sentimientos y belleza interior que hemos reservado durante toda una Vida.

No estás dando la oportunidad a nadie porque nadie te la ha pedido, estás ofreciendo esta oportunidad a quien aclama atención en tu interior, y ese es tu corazón.

Todo es posible con Amor porque Amor es la emoción que sientes, lo que respiras cuando eres amado, lo que percibes cuando eres deseado por otro ser.

> *¡ El Amor se crea en nuestro interior,*
> *con la única finalidad de ser entregado !*

> *¡ El Amor no se hace, se entrega !*

> *El Amor es una expresión del espíritu, no del cuerpo físico.*

El miedo a amar se ha convertido en el nuevo fracaso, un inconveniente que entorpece nuevas relaciones, y que en la mayoría de ocasiones, el bloqueo mental no deja que se inicien.

> *Sentimos la incertidumbre de volver a ser heridos;*
> *heridos donde más nos duele,*
> *heridos donde más nos desequilibra.*

> *Sentimos desorientación e inseguridad hacia el nuevo Amor.*

> *Sentimos desconfianza hasta de nosotros mismos.*

> *Dejamos que sea el miedo quien nos controle una vez más,*
> *dejamos que esta vez lo haga en mitad del enamoramiento.*

> *Miedo a exponernos a la incertidumbre,*
> *al desafío de un posible sufrimiento.*

> *Y volvemos a caer engañados por las inseguridades,*
> *o quizás,*
> *por temores de un corazón abatido por el miedo.*

Es ahí cuando nuestra mente se apodera de todos nuestros sentimientos ordenando fríamente al corazón cómo ha de sentir, cómo ha de amar, qué ha de emanar y qué emociones experimentar. Todo con el fin de protegerse frente al dolor, todo con el fin de no enfrentarse a una nueva transformación personal por el posible sufrimiento o felicidad que le pueda llevar hacia un nuevo aprendizaje.

¡ Quien sufre en el Amor, inicia un camino hacia su interior !

¡ Quien goza en el Amor, continua su camino !

Son en esas etapas en las que somos presa del miedo a sufrir, obligamos inconscientemente a nuestro cuerpo a vivir el Amor de forma artificial, con demasiadas barreras, escudos y capas. Nos protegemos obsesivamente como si fuéramos a la gran batalla, y aunque probablemente no salgamos heridos, quizás hagamos daño a otro ser, alguien que no merecía vivir nuestras inseguridades creadas en los miedos.

Provocar dolor conscientemente en otro ser para su aprendizaje interno no es responsabilidad nuestra. Causar ese dolor conscientemente no nos hace maestros, sino seguidores de nuestra involución.

¡ El perdón no arregla ninguna situación en la que hubo Amor !

Quien sufre aprende, y aprende de forma obligada. Sin excusas y con lágrimas se le entrega la oportunidad de entrar en su interior y descubrir que hay algo más esperándole, algo que le rehabilitará si escucha profundamente lo que siente, si interpreta el lenguaje de su corazón en la paciente soledad.
Pero el dolor en una relación de Amor es solo una posibilidad; una posibilidad donde no hay garantías de que únicamente vaya a existir sufrimiento.

El arriesgarse a vivir una nueva etapa de sentimientos sería de lo más audaz, donde encontrarías emociones internas que nunca imaginaste vivirlas, e incluso tu corazón tendría oportunidad de hablar contigo en medio de la felicidad, una felicidad que quizás ahora dejes ir.

Es el paso del tiempo quien hace llegar la confianza, la posibilidad de abrir nuestro corazón como lo hicimos anteriormente, allí, en ese lugar donde fuimos amados por primera vez. De ese modo, volveríamos al placer de sentir cómo el corazón toma el control tanto de nuestros sentimientos, como de nuestros pensamientos.

Ahora en la reflexión, llegamos a la conclusión que quizás se pudo hacer antes y en menos tiempo. Pero las heridas de un corazón necesitan espacio en el tiempo para cicatrizar sus propias lágrimas.

Ahora no es momento de culparnos por un pasado que nos obligó a proteger nuestro corazón por miedo al Amor.

Toda herida sana en un tiempo nunca definido, sin embargo, sí define el momento de estar preparado para otro aprendizaje.

Y caerás de nuevo, y aprenderás porque volverás a levantarte para continuar andando por el sendero de tu evolución.

¡ Solo tú eres capaz de todo esto !

¡ No necesitas a nadie, lo tienes todo !

En esta Vida, y en todas las que lleguemos a experimentar, el aprovechamiento del tiempo amándonos es fundamental para transmitirlo con absoluta libertad y armonía, y así transcender hacia un mundo de espiritualidad.

Lograremos alcanzar el tan anhelado Amor de nuestra Vida, no hay secretos, solamente hemos de comenzar a amarnos primero a nosotros mismos, y créeme que llegaremos a la felicidad que tanto deseamos porque para entonces, habrán desaparecido los miedos y estaremos preparados para recibir ese nuevo y eterno Amor.

Es el instinto de preparar nuestro corazón,
hacia el destino de amar en el deseo innato.

Sabemos nuestra necesidad de buscar en los demás la aceptación, pero nunca la encontraremos, a no ser que nos aceptemos primero a nosotros mismos incluyendo nuestras diferentes perfecciones. Y sí, somos perfectos porque tenemos defectos y virtudes, lo tenemos todo como lo tiene la perfecta Vida que estamos experimentando.

¡ En la imperfección, se encuentra la perfección !

No gastemos tanta energía en resistirnos a entender que la felicidad la vamos a encontrar únicamente en el interior de este ser que habitamos, y solo entonces será cuando llegue el instante en que podamos compartirla.

Entendamos que todo ser vivo impregna una belleza especial que le hace único y original en su entorno. Y quien sabe captar esa belleza, sabe besar el Alma.

En esta época y sociedad en la que vivimos, importa el físico, y más para quien no mira desde su interior. Únicamente cuando evolucionamos, nos percatamos que ese aspecto físico es efímero siendo de importancia relativa, llegando a comprender que la belleza interior es la que nos llena el Alma de incalculables sensaciones en su iluminación constante de Amor. Su belleza interior no solo viene dada por su personalidad, sino por las sensaciones que nos transmite desde sus gestos, su voz y su presencia. Se trata de toda una experiencia única de vibraciones que se despliegan en nosotros. Pero hasta entonces, la ignorancia nos adentra a la aventura de poder encontrar la belleza interior y exterior al mismo tiempo, lo que da como resultado una falta de evolución y carencias internas por suplir en sueños poco probables.

¡ La belleza interior es capaz de ocultar la belleza exterior,
lo que al revés es imposible !

La ceguera en la obsesión de lo superficial nos marca exigencias que no somos capaces de seguir al no estar preparados, y sucede que en ocasiones lo que más nos conviene lo tengamos detrás o al lado, y jamás nos hayamos fijado. Puede tratarse de una acción pendiente a una decisión, de un objeto o de un ser vivo, un ser que espera lo mismo que tú, y no es otra cosa que ser amado.

Todo ser humano posee una belleza especial. Y solo cuando le observamos de modo natural podemos captar esa belleza innata. Belleza que encontramos no solo en lo que vemos, sino en lo que percibimos mediante su presencia, cuando le oímos, cuando le tocamos, cuando nos acercamos. Y si algo de ese ser nos atrae y nos hace sentir bien, quizás sea una señal para compartir nuestro viaje de la Vida.

*¡ Protejamos nuestro interior de su belleza escuchando al corazón,
y brillaremos en las sombras más oscuras !*

*Sigamos embelleciendo nuestro interior con sus palabras,
y las entregaremos al mundo.*

Existe el modo de dejar al corazón libre para que sienta aquello que le pertenece desde su primer latido, y eso requiere despojarse de un pasado, limpiar capas, tirar escudos, desarmarse y desnudarse a la Vida.

*No olvides que una experiencia anterior es pasado,
y el pasado ahora ya no existe porque estás en un presente.*

¡ No sigas luchando en una batalla que ya finalizó !

¡ Aprende de esa experiencia para no regresar al dolor !

Ahora no tiene sentido revivir la sensación de haber perdido, ni de hacer sobrevivir al rencor.

¡ Da igual si sientes que perdiste, porque nadie ganó !

¡ Nunca existieron, ni existirán vencedores en las batallas !

*Concluye aprendiendo una lección del libro de tu existencia,
y eso te hará avanzar hacia el crecimiento espiritual.*

Pero si el ego te hace creer que ganaste la batalla, probablemente no aprendiste nada, y esta lección no tenga ningún significado en tu evolución consciente. Tu tiempo fue desaprovechado y deberás empezar de nuevo, lo quieras o no regresarás a tu melancólico pasado mientras pierdes un presente dando vueltas en un "círculo vicioso".

Es el corazón quien nos guiará hacia la otra parte de nosotros, hacia el Amor de nuestra Vida, hacia esa otra mitad de la que nos separamos al llegar a este mundo; un mundo donde nos espera el Alma gemela con la que tanto hemos soñado, y que con tanta necesidad deseamos unirnos a ella para sentir "La vibración de la eterna belleza de amar" en toda nuestra divinidad, al igual que sucedió en otras existencias donde encontramos el cielo de la realidad.

Las relaciones de pareja han de fluir hacia un crecimiento espiritual, y no hacia los objetivos de llenar vacíos internos no completados anteriormente en un crecimiento personal, y de forma individual.

Aprendemos de las experiencias, pero unidos a nuestra otra mitad, llegamos a expresar el Amor en su totalidad, y así ascender a niveles inexplorados en su divinidad de transcendencia espiritual.

Son dos almas que llegaron aquí para amar y vibrar en la armonía de su corazón, en el tacto de su piel sobre el deseo de sentir el flujo de aire hacia el interior, el deseo de echar de menos para volver a respirar el enamoramiento.

Es la sensación emocionada la que demuestra que todo el cosmos está relacionado con ellas, y que forman parte de un sentido más intenso que la evolución misma.

¡ Es importante sentirlo así, porque ahora es momento de amar !

Seguro que si nos amamos y amamos nuestro entorno lo comprenderemos todo, habremos captado la Esencia de las leyes universales, porque quien las evade se desintegra en sí mismo, y su desintegración es la inexistencia eterna del Alma en el cosmos.

Has de intentarlo,
no te ahogues,
inspira profundamente.

Es la Vida aquello que inhalas,
la que recorre tu Esencia muy lejos de tu presencia.

A veces la sinceridad puede ser dura,
pero nos hace crecer en nuestra evolución espiritual.

[12/06/2016]

VIII

LÁGRIMAS
- La verdadera realidad -

En la bella armonía de la Vida, encontramos respuestas que con el tiempo nos enseñan a amar y a sentir ese deseado Amor. Es un corazón quien responde por sí solo, sin interferencias externas que le ordenen, impongan o enseñen.

Y ese es el camino de la Vida, en donde siempre seremos discípulos de este gran maestro.

Él vive en nuestro cuerpo, se alimenta de nuestro ser respirando Amor de la fuente de energía generada por el Alma.

Instante a instante golpea fuerte nuestro pecho, y más fuerte lo sentimos cuando el enamoramiento regresa a su interior, al lugar que le correspondía mucho antes de que existiéramos en este lugar. La Vida para él significa sentir, sentir y vibrar en cada beso que entregamos, en cada gesto de gratitud, en cada simple caricia.
Queramos o no, seremos cautivos de nuestro corazón en el instante de oír su voz, una armonía que nos convertirá en discípulos ante sus emociones, ante su manera de latir, ante su modo de hablar. Regresaremos a un espacio en el tiempo lleno de una paz que creíamos conocer, donde apartaremos al intelecto y a su raciocinio para dejarlos aislados, y hallaremos el espacio en el tiempo, donde el deseo de que sea eterno anidará en las emociones.

Estemos o no en este mundo, el Alma seguirá impulsando energía en nuestro espíritu permaneciendo eternamente a nuestro lado. Seguirá siendo la fuente vital de nuestra identidad, porque es y será quien siempre expanda emociones.

Es el corazón quien día a día nos muestra que no estamos solos,
que seguimos vivos,
que debemos continuar hacia delante,
que amar es la razón de nuestra existencia.

Es el Alma quien genera emociones de Amor y odio en simultaneidad,
quien a través del corazón es capaz de transmitirlo,
quien mediante energía hace vibrar cada célula de nuestro organismo.

Pero cuando el Amor llega a sus entrañas,
el odio se desvanece,
la debilidad se apodera de él,
el entorno de Vida se hace más agradable,
y su belleza nos ilumina interiormente.
Nuestro rostro brilla en oscuridades desconocidas,
y un mar de lágrimas fluye en el aire al baile de la felicidad.

Enamorados del Amor sentimos la liberación de poder hacer aquello que deseamos en esta existencia, aquello que nos apasiona, aquello que nos identifica en el universo, todo ello forma parte del acto de amar.

Son nuestras decisiones, que de un modo u otro, se convertirán en acciones, y estas formarán circunstancias marcando un trayecto y construyendo nuestro único destino.

En las decisiones tomadas desde la intuición, nunca debiéramos encontrar arrepentimiento, pero en aquellas originadas desde la lógica, probablemente sigamos andando hacia atrás.

Desde siempre el Amor es conocido a través de las emociones, y que como seres vivos también sentimos su presencia en el aire.

A lo largo de épocas y sobre la historia que hoy día se conoce, siempre existió el acto innato de amarnos los unos a los otros como una necesidad no solo física. Se trata de una tendencia medida en fuerza espiritual que abarca todos los sentidos, que va más allá del entendimiento, de la imaginación, la pureza, y hasta de la propia belleza en la unión sexual.

Innumerables historias de incontables filósofos, han contribuido a constituir las bases para encaminar a la humanidad hacia una creciente plenitud de evolución consciente, lejos de religiones e imposiciones políticas. Sus esfuerzos nunca fueron en vano, siempre hubo seres afortunados quienes escucharon sus enseñanzas, quienes leyeron sus escritos, quienes creyeron que existía algo más que lo físico, y solo una minoría fueron y son, quienes lo pusieron y ponen en práctica.

Esa entidad que trascendía lo espiritual,
que provenía de nuestro interior,
ese Dios que siempre hemos pronunciado en los labios,
un Dios que lo llamamos corazón,
un corazón que lo llamamos Alma,
un Alma que es Dios.

Todo ser vivo conoce el Amor, habla de Amor, y solo unos pocos han experimentado la verdadera realidad que se vive cuando dentro de nuestro ser únicamente descubrimos la emoción del Amor.

¡ Vibramos en consonancia con el entorno,
mientras seguimos enamorados del Amor !

¡ Amamos sintiendo cómo se abre una consciencia evolutiva,
desde esta transcendencia espiritual !

Son nuestros cuerpos quienes se transmiten energía en forma de calor, quienes crean el milagro de la Vida en otro ser, en otro corazón que será albergado por un Alma eterna, un nuevo Dios en esta realidad.

¡ Somos creadores de Dioses !

Un intercambio de energías forman Vida en medio de la liberación de amar, en entender que no hay nada más hermoso por lo que existir en este lugar.

Es en la absoluta perfección de esta existencia donde afirmamos que somos energía, Dioses capaces de realizar milagros.

¡ Cuántos sentimientos de Amor hemos vivido !
¡ Cuántos relatos de historias de Amor hemos leído !
¡ Cuántas palabras de Amor hemos oído !
¡ Cuántas sensaciones de Amor hemos experimentado !

¡ Cuánta escasez en la pureza del Amor
hemos llegado a sentir en nuestro interior !

Quizás sea una culpabilidad por ser tan injustos con nuestros sentimientos, por no reflexionar en lo que tenemos dentro de nuestro ser, por no escuchar a quien nos está gritando atención. Es así, y de ese modo, cuando nos vamos alejando poco a poco de las enseñanzas de esa voz interna que adormecemos en la lucha por la supervivencia, por la superación de miedos.

¡ El miedo distrae nuestra atención interior !

Se trata de una estrategia mental para ser crueles con nosotros mismos, y pocas veces somos conscientes de la forma en que nos apartamos de lo que curiosamente tanto anhelamos, y no es algo distinto a la felicidad.

Solamente hemos de escuchar a nuestro corazón, él nos dirá la verdad y nos enseñará a vivir, a sentir y a volver a amar incondicionalmente.

Todas las soluciones a nuestros sufrimientos,
y todas las respuestas a nuestras preguntas,
están en él.

Aunque le ignoremos, su energía es muy superior a la energía de nuestra mente, y sucumbiremos cerrando los ojos, rindiéndonos en una batalla ya perdida antes de nacer.

Cada buena emoción que invade el corazón nos llega en un latido, y cada latido que sentimos es una esperanza, una sonrisa en los labios, un beso del Alma.

Una lágrima siempre es señal de una emoción,
un contacto con nuestro corazón,
un lugar en el tiempo en que percibimos su voz,
momento en que iniciamos el viaje interior.

Serán sus caricias en tu cuerpo,
la expresividad de sentirte en la absoluta totalidad,
la vibración de sus latidos que nacen de tu respiración.

Tu Amor siempre es capaz de crear una nueva Vida,
un nuevo ser dentro o fuera de ti,
una nueva felicidad,
un nuevo mundo en secreto allí donde el Amor nunca se acaba.

¡ Nuestro mundo no es este, nuestro mundo es el Amor !

Siempre podemos indagar en nuestro interior para escuchar al corazón en la profunda soledad, porque únicamente en su silencio se abrirán los sentidos; esos sentidos que alcanzarán la verdadera realidad.

Ni los libros, ni la compañía te hará feliz hasta que no entres dentro de ti y descubras la verdad interior, ese lugar al que solo tú puedes acceder en soledad.

El Amor lo es todo,
  incluso el aire que ahora,
   en este instante,
    respiras.

Allá donde la imaginación se pierde,
  nace una nueva intensidad energética,
  una fuente que nos conecta a través de estas letras.

¡ Es lo más cerca que podré estar de ti, y lo más lejos de mí !

Quizás en el espacio que nos separa exista la magia;
magia en frases abstractas de pureza intacta,
frases que se adentran en lugares desconocidos,
o quizás ya percibido por nuestro ser consciente.

Una sonrisa se dibuja en mis labios,
  mientras mis lágrimas acarician tu rostro;
  mientras adormecemos nuestros sueños.

Siento felicidad, Amor y libertad,
  es porque quizás,
  empiece a sentirte.

Todo está llegando a nuestro corazón,
  donde tus emociones llegan al mío a través de este sueño.

Y no es un sueño más, es real lo que estás sintiendo.

El paso del tiempo se experimenta en uno mismo e individualmente.

[12/08/2016]

IX

EN ALGÚN LUGAR
- Corazón ahogado -

Algunos castillos y demasiados sueños se construyeron para vivir eternamente el Amor, donde miles de historias se inventaron haciéndonos creer que era una realidad enamorada. Solo eran los ojos esperanzados que veían cómo los sueños se hacían realidad ante su propia Vida, ante sus propios sentimientos.

Pero nada de esto perteneció a otra época, ni sucedió en otro tiempo antes de existir todo el universo, sino que es ahora cuando surgen, se viven y se sienten.

No existe el mañana porque estamos en el ahora.

No hay futuro,
solo presente,
solo este preciso instante en que lees este sueño.

Ahora, puedes dormir en el presente,
y créeme que nadie vendrá a despertarte.

Lo sé porque aún estás soñando e imaginando que llegará un futuro cuando despiertes. Sin embargo, no te servirá de nada abrir los ojos al amanecer, porque durmiendo en el presente permanecerás atrapado en el pasado, y eso es involución.

Debes crecer, alimentarte de la energía que tu propia naturaleza te está entregando desde que existes en este lugar, y de aquella energía que desde el infinito emana en ti.

Ahora ya no es tiempo para olvidarte de buscar la Esencia, tu deseo ha de ser encontrarla en ti, y así iniciar el crecimiento espiritual.

Tristemente hoy en día no pensamos en vivir, sino en sobrevivir. Tanto introducimos nuestra cabeza en el agua que ahogamos nuestras emociones, y con ellas, las ideas que creíamos acertadas en un raciocinio intuitivo.

¡ Debes creer en lo que sientes !

Cualquier razonamiento deberá surgir desde la intuición, una cualidad que también llevamos en este viaje de acantilados, de lo contrario las lágrimas no cesarán y los llantos ensordecerán al corazón.

¡ Porque no hay ser más ciego,
que aquel que ignora su intuición !

Es una lástima que no sintamos Amor hacia nosotros mismos, y que este desamor hacia nosotros pueda crecer cada día más. Somos nosotros los que conscientemente hemos de dar Vida al Amor, porque sin duda, es lo único que podrá permanecer eternamente a nuestro lado.

Ahogando nuestras emociones,
despertaremos un océano que brotará desde nuestros ojos.

Algún día la respiración en esta Vida desaparecerá, y el Alma abandonará este cuerpo para regresar a su estado de inmortalidad, y para entonces no quedará nada más por hacer. O quizás solo tristeza; tristeza que nos llevaremos a otra encarnación, al siguiente encuentro con nuestra Esencia.

Si vas a llorar,
no deseo que lo hagas ahora,
porque estas lágrimas brotan en mis ojos.

Es la luz que emana de los tuyos la que llega a mi corazón,
siento cómo quema mi piel,
cómo abre mi interior.

¡ No puedo evitar que llegues a mí, que te sienta en mí !

Sé que permaneces en la espera de sentir Amor,
ilusión por vivir,
por amar.
Sé que anhelas felicidad,
pero todo eso ya está en ti.

Y si no deseas creerlo porque no lo estás sintiendo,
deberás buscar la fe en ti y no en un Dios de religiones.
Tu eres ese Dios al que tanto suplicas,
al que tanto admiras.

¡ No trates de buscar ahí fuera lo que ya existe dentro de ti !

El error no está en cometerlo, está en no aprender de él.

[31/07/2014]

X

AMOR EN EL HIELO
- Antes de nacer -

Nunca se nos ha negado la libertad de amar, ni tan siquiera el derecho a vivir una felicidad que nos perteneció antes de nacer.

No puede existir una felicidad sin lágrimas y esperanzas. Se trata de una conjunción mágica en la que reconocemos a la felicidad porque existe la infelicidad que sentimos, o que podemos llegar a sentir. Si todo fuese placentero, nunca la mencionaríamos, y menos aún la desearíamos.

En nuestro ser encontramos la propia existencia que vivimos en estos instantes, tal es así, que no siempre la disfrutamos con todos nuestros sentidos y en plena consciencia. Simplemente observamos cómo pasa a través nuestro quemando el tiempo, las oportunidades que nos brinda y las señales que nos muestra constantemente.

No solo a veces, sino siempre es necesario reflexionar sobre que aún estamos vivos, que aún respiramos, que sentimos la brisa en la piel sin cerrar los ojos del corazón.
Es necesario agradecer conscientemente por la oportunidad de seguir aquí, en esta nueva experiencia que forma parte de nosotros mismos.

Son nuestras intenciones, basadas en las emociones, las únicas capaces de ayudar a los demás, y nuestras acciones las encargadas de llevarnos allí donde nos necesiten. Pero antes de todo eso, hemos de ayudarnos a nosotros mismos, porque somos los que más nos necesitamos.

Es nuestra mente la que debe escuchar a nuestro corazón, y no a la inversa.

Todos tenemos un gran Dios en nuestro interior con el que poder amar más allá de esta realidad, más allá de este sueño.

> *¡ Eres quien eres,*
> *somos quienes somos,*
> *Dios lo es todo porque es lo que somos !*

Pero cuando entregamos dolor conscientemente, nos hundimos en el hielo congelando nuestras emociones y en dirección a ninguna parte, sumergidos en el fondo de la confusión buscando un momento para arrepentirnos, para pedir perdón, o quizás un momento para perdonarnos, para abandonar el resentimiento, venganza y odio hacia nosotros mismos.
Pero el perdón es solo una alucinación temporal que enmascara la realidad, dando paso a otro aprendizaje.

Si nuestras acciones salen del corazón y estas son de Amor, entonces no hay necesidad de pedir perdón.

Si no son de Amor, sentimos un dolor inevitable e inagotable, un dolor que afligimos cuando el hielo se descongela para ser vertido desde nuestros ojos.

> *En tu mundo y en el mío,*
> *en tu Vida y en la mía.*
> *En tu corazón y en el mío,*
> *en tu felicidad y en la mía.*
> *En tu cuerpo y en el mío,*
> *en tus ojos y en los míos.*
> *En todo ello,*
> *no dejo de pensar, de sentir.*

> *Simplemente porque eres una lágrima de felicidad,*
> *absolutamente llena de esa ternura,*
> *de esa dulzura,*
> *de ese Amor que emanabas antes de nacer.*

Es la sensación,
donde las piezas más difíciles tienen su lugar en huecos invisibles.

[06/01/2016]

XI

CASTILLO DE AMOR
- Antes de llegar aquí -

Lejos de la imaginación,
> *existe un sueño que nunca llega a convertirse en realidad,*
> *pero no por ello desaparece la esperanza,*
> *la última esperanza de esos sinceros corazones;*
> *corazones que guardan recuerdos;*
> *recuerdos sin saber cómo llegaron a su interior.*

Un castillo de Amor, una realidad llevada al sueño en cada corazón de esta tierra. Es el recuerdo de aquel lugar tan maravilloso, un lugar en el que descubrimos que era el hábitat de la esplendorosa felicidad, y por lo que nunca podremos evitar tristeza en nuestro interior al no estar allí.

Un castillo de Amor, un mundo diferente en el que se sienten momentos de Amor en el trasfondo de una armonía musical, donde la música es el estímulo de Amor y de adoración a nuestra creación del más allá, el motor de generación energética imprescindible para existir, para sustentar la continua evolución creativa. Es ella quien entra en nuestra Alma con su fragancia impregnando la Esencia. Y una vez en nuestro ser, se funde con él.

Aquellas extrañas sensaciones que descubríamos nos hacían estallar en la plenitud del gozo, sintiendo más sueño del que tiene esta Vida.

Toda una hermosa experiencia, hasta que en un instante de silencio entendimos que debíamos hacer algo por el resto del universo. Desconocíamos qué era aquello tan extremadamente trascendental para que la música dejara de sonar. Sentimos que debíamos abandonar nuestra divinidad para ocupar diferentes concentraciones de energía en otros universos, donde aún este nos era desconocido.

Aquella incertidumbre de regresar a otra Vida sumía la mitad de nuestra Alma en desolación, mientras la otra mitad seguía buscando su plenitud en un cercano encuentro.

Ahora, aun cuando cada uno de nosotros permanece muy lejos, ninguno está dispuesto a abandonar su misión aquí, ni tampoco a dejar de amar aquel mundo tan hermoso, tan completo en la armonía del sonido y tan repleto de felicidad, donde su concepto o significado allí no es apreciable al no existir infelicidad.

Nunca olvidaremos el lugar donde fuimos creados, donde nuestra Alma se expandió desencadenando evolución, y donde por primera vez aprendimos a amar.

Cada uno de nosotros hará del sueño realidad, y creará un mundo a su alrededor en un castillo de Amor idéntico al de nuestra procedencia. Expresará conocimiento y paz en aquel lugar donde se encuentre, resplandeciendo la música de Amor en su interior.

¡ Aún seguimos protegiendo la esperanza de regresar a nuestro origen !

Quizás para completarnos en la eternidad,
quizás para sumergirnos nuevamente en la divinidad que nos creó.

Ahora sentimos en nuestro ser toda la grandeza y espiritualidad del verdadero Amor. Ese Amor que transmitimos a todos los seres que encontramos en nuestros viajes a través de los sueños, a través de los ciclos magnéticos que rigen el tiempo en las galaxias, llegando a mundos donde el tiempo no existe, donde todo es un mismo día, un día lleno de eterna ilusión, alegría, bondad y vacío de toda dualidad.

Esta canción ha llegado a mí en forma de Vida,
y una realidad se ha hecho sueño en tus ojos.

Tu corazón no late,
tu cuerpo no siente,
tu mente ya no duerme,
y el mundo desvanece a tus pies;
desvanece en tu presencia;
desvanece mientras la esperanza eleva un castillo en tu interior.

¡ Esta no es la historia de un paraíso soñado,
sino la realidad que vives ahora !

Lee tu historia en otras vidas,
léela porque existe,
porque cualquiera de los que respiramos en este instante la tenemos.

Encuéntrala en el plano de realidad acorde a lo que sientes,
a lo que piensas,
a lo que experimentas,
a lo que vibras,
a lo que resuenas.

Justificar los medios con un fin,
es la rendición humana hacia la búsqueda de existentes soluciones.

[01/11/2011]

XII

ACEPTACIÓN SIN EXPLICACIÓN
- Buscando lo ya encontrado -

A lo largo de una eternidad, nadie dijo que no fuera duro vivir en esta encarnación, en un mundo donde una sociedad diferente a ti trata de sobrevivir por encima de los demás Pero más duro es rendirse sin haber conseguido tus sueños, o al menos haberlo intentado mientras respirabas.

¡ El éxito en la Vida no está en llegar al destino cumpliendo tu propósito de Vida, sino en cómo lo recorres en tu intento por alcanzarlo !

La evidencia de que nada es fácil para nadie, bloquea constantemente el desarrollo creativo como seres vivos en continua evolución.

La esperanza nos ha ayudado a resolver complicados momentos saliendo victoriosos de una anticipada derrota, aunque hoy, permanezcamos aprendiendo del dolor más profundo en sus esporádicas caídas. Asimilar y aceptar las adversidades de una existencia, siempre ha sido un sobreesfuerzo, como también lo es el no rendirse a su naturaleza comprendiendo su ciclo evolutivo. Seguramente sea necesario analizar la causa que motivó el origen de ese acontecimiento, independientemente de su nivel de gravedad.

Aunque todo tenga explicación, lo que ocurre es que no tenemos paciencia para buscar una solución. Dedicamos espacios en el tiempo insuficientes para reflexionar, para conectar con nuestro interior.

Esa impaciencia va unida a la falta de sentido común respecto a la propia existencia de uno mismo, olvidándonos de dónde estamos y para qué estamos en este mundo de sueños; sueños que únicamente nosotros hemos creado.

Si somos incapaces de encontrar explicación, no deberíamos sentirnos derrotados o fracasados, ya que el mismo intento nos servirá para admitir que nada es exacto ni completo, pero sí perfecto en su imperfección. Esto nos hace necesitar de los demás, a no ser autosuficientes y sí dependientes de todo nuestro entorno mientras despertamos.

¡ Nosotros, los seres vivos, somos perfectos en la imperfección !

Aunque todos necesitemos de todos, y en todos los sentidos, nos ayuda a crear comunicación, unión y vinculación entre todos, así como una entrega recíproca de Amor, una transmisión de conocimiento y elevación sobre nuestro aura. Es el aporte a un crecimiento personal que realizamos todos al mismo tiempo, y en ocasiones conjuntamente, pero siempre dirigidos hacia una transcendencia espiritual de forma individual.

¡ Todo aquello que nos rodea tiene sentido,
todo el sentido inimaginable !

Tiene sentido aquello que intuimos, incluso hasta aquello que no aún no vemos en el aire que respiramos. Sentido tiene todo aquello que percibimos con nuestros sentidos, nada queda sin protagonismo, nada permanece en el olvido. Porque todo lo que sucede a nuestro alrededor son señales, caminos a explorar, decisiones a tomar entre miles de opciones; opciones en las que la elección de una de ellas será la correcta, y lo será siempre que esta haya sido sentida y no analizada por el intelecto.

Aún quedan habilidades extrasensoriales que debemos desarrollar mientras estemos a tiempo de recuperar nuestra Esencia. La entrada a nuestros sentidos extrasensoriales se iniciará con el despertar y desarrollo de nuestra consciencia, creando además una capacidad de comunicación telepática.

A lo largo de la existencia del ser humano, se ha querido dar explicación a todos los acontecimientos que suceden a nuestro alrededor, incluso también se ha investigado fuera de este planeta con el objetivo de conocer el universo y su origen, la infinidad de galaxias en un cosmos y posible Vida interplanetaria.

A unas interrogantes se les ha podido dar una vaga explicación, y aun así, nunca detalladas con exactitud. Otras, siguen sin respuesta debido a una tecnología inadecuada y no lo suficientemente avanzada. A esto se le añade una falta de capacidad extrasensorial para enseñar a este mundo lo que sucede ahí fuera. Sin embargo, aquello que creen descubrir, se oculta para no alarmar a una sociedad insaciable de conocimiento, aunque esos "descubrimientos" sigan siendo hipótesis bajo elucubraciones inexactas.

Algo como el origen de la Vida en el universo, de la que aún no hay una explicación convincente acerca de tal especial acontecimiento, es rodeado de misterio y nunca mostrado como un milagro. Un concepto incapaz de aceptar por los escépticos como parte de nuestra existencia física, y sí aceptada en lo espiritual de una consciencia despierta.

Desde todos los tiempos se ha pensado, analizado, experimentado y demostrado muchas teorías sobre el origen de la Vida. Pero ¿ Cuál de ellas es la verdadera ?. La insistencia tanto de filósofos como investigadores en querer dar con el enigma, han obtenido como resultado la no aceptación y comprensión de que el origen de la Vida es un Milagro. Aproximadamente cada diez años, tratan de cambiar la historia del origen de la humanidad y el universo, y con ello la historia de civilizaciones desaparecidas en esta tierra llena de misterios.

Las respuestas seguirán demorándose mientras no aceptemos que "la Vida es un milagro", y lo es en este mundo porque lo es en el cosmos, al que indiscutiblemente pertenecemos. Y este hecho no es religión, es un concepto de divinidad, es la aceptación de algo tan evidente como el propio Amor del que tampoco sabemos por qué está ahí, ni de qué modo actúa en nuestro interior, y sin embargo, no dejamos de sentirlo en cada agradable emoción.

El milagro de la Vida es mucho más hermoso si además lo acercamos al Amor, a tu propio Amor.

No has de ir más lejos para sentir lo que llevas en tu interior desde que existes en esta realidad.

¡ La Esencia y el Amor forman parte de un mismo ser !

Pero nunca olvides, que el Amor eres tu.

Cuanto más nos adentramos en el conocimiento de todo aquello que nos rodea, más dificultades encontramos sin explicación aparente por falta de evolución.

Es la sensación innata en cuanto a más conocimiento acumulamos, más percepción de ignorancia adquirimos.

Seguimos sin aceptar nuestras limitaciones en el conocimiento de todo este entorno, ya que no hay nada que se haya definido como realmente es. Esto provoca que una incógnita derive en muchas otras, imposibilitando al ser humano acercarse a la verdad o la única realidad del universo que habitamos. Porque nada explotó y originó el universo actual, seguimos en justificar creencias absurdas sobre transformaciones de energía a la que llamamos explosiones, y que a su vez originaron Vida.

El milagro del cosmos se encuentra en las transformaciones de energía que se originaron sobre la armonía de un único sonido, el cual se expandió en forma de ondas. Su frecuencia, sigue generando energía a través de transformaciones, organizando su concentración en materias vivas.

Incesantes e incansables hacia la búsqueda por obtener explicaciones a todo lo que nos rodea independientemente de la distancia, pero no admitimos que los medios tecnológicos que se han utilizado hasta la actualidad no están lo suficientemente desarrollados como para enseñarnos lo que ansiamos, ni nuestra consciencia tan despierta como para asimilar conceptos sin demostraciones que encajen en nuestra percepción intuitiva.
Pero tampoco se trata de creer en lo que no se demuestra con el objetivo de completar vacíos existenciales capaces de ser entendidos en nuestro intelecto, sino que se trata de creer en aquello con lo que resonamos en nuestro interior.

Porque la verdad no está ahí fuera,
simplemente porque la realidad está en nuestro interior.

¡ Cuando dejemos de centrarnos en el intelecto,
podremos activar nuestras capacidades extrasensoriales !

Y serán las frecuencias que resuenen junto a tu interna vibración quienes
mostrarán la realidad de esa verdad.

Y mientras tanto, quienes investigan, seguirán atrapados en el escepticismo de una verdad, formando hogueras sobre el significado de sus teorías de ceniza.

Nuestra capacidad sensorial es limitada, de modo que, en nuestro progreso evolutivo sobre una evolución conscientemente despierta, iremos desarrollando capacidades extrasensoriales que nos acercarán al descubrimiento de esos enigmas, obteniendo explicaciones a todo aquello que ahora no comprendemos, y que tampoco captamos debido a nuestra primitiva limitación humana y tecnológica.

No es momento de buscar explicaciones,
es momento de cerrar los ojos y sentir cómo late el corazón,
cómo entra el aire en el interior del cuerpo sin esfuerzo alguno.

Siente el fluir de la Vida,
una Vida que entra y permanece en ti,
siente cómo se despliega a través de toda tu Esencia.

¡ Dime que eres "el verdadero milagro del Amor" !

¡ Siente una vez más, y dime dónde estás ahora !

Eres Amor, Amor del Amor.

¡ Un Dios nunca podría ser otra entidad lejos de ti !

"El Amor no es Vida, la Vida es Amor,
y todo nace en el Amor,
porque todo se inicia en ti"

Quien dice no necesitar la felicidad en este mundo para vivir,
inicia un despertar espiritual en el lugar equivocado.

[12/08/2016]

XIII

ENERGÍA DE UNA EMOCIÓN
- Instante especial -

Sentimos gracias al Amor generado en nuestro interior,
un Amor sin barreras,
un Amor sin límites.

Ese Amor que ilumina senderos donde nunca existieron,
que se envuelve en el aire que aún respiras,
que baila entre nubes de tormentas,
que expande sus alas en la lluvia de tus ojos.

No dejes de oír al corazón,
aunque la lluvia venga en melancolía,
aunque sean lágrimas de ángeles,
aunque seas uno de ellos.

No te rindas a la sensibilidad de esta emoción,
porque es el aire quien se va en el vacío de un Amor.

No es momento de cerrar los ojos ante un mundo diferente a tu interior,
no es momento de abrumarse ante tanto dolor y frustración.

No se trata de realidad,
sino de sueños que no encuentras en ella.

No se trata de sentimientos,
sino de emociones que expresas en tu respiración.

Llega desde la tristeza que junto a los ojos forman una lágrima,
    un sentimiento más fuerte,
    una expresión con todos los sentidos,
    un deseo surgido desde las entrañas,
    una ilusión creada en cada gesto de su rostro.

Ahora es el momento de desplegar esa sonrisa en tus labios,
    porque el dolor no es eterno y pronto perecerá,
    porque el despertar alargará tu mano hasta tocar el sueño;
el sueño de una canción.

Bailará resonando en el gozo del corazón,
y será tu voz quien entre nubes haga llegar la melodía,
    la armonía de fantasía,
    la fantasía del fin;
del fin de una Vida sumida en la efímera tormenta de tristezas.

Y serás el ángel que levite entre lluvias,
quien descifre el sentido de estas palabras en tu interior,
un sentido que te hará vibrar en la profundidad de la alegría.

Emociones ligadas a sentimientos donde continuamos sufriendo, amando y llorando al mismo compás sobre la canción de nuestra Alma, donde la desesperación no percibe final.

Esos momentos en los que nos sentimos heridos,
    dañados por sus palabras envueltas de vacío.

Esos momentos en los que deseamos sentir nuestros labios en los suyos,
    en los que deseamos sentir su piel adherida a la nuestra,
        momentos en los que necesitamos amar incondicionalmente,
        momentos en los que regresamos a ese lugar,
al lugar donde las sensaciones frustran los sueños de Amor,
    donde percibimos la señal de alejarnos,
        e ir en busca del Amor verdadero.

Hermosos instantes que se interiorizan en el cuerpo fundiéndose en el corazón. Instantes especiales que contienen el mayor deseo que llegaremos a experimentar en esta Vida. Momentos en los que expresamos intensificadamente aquello que sentimos, en donde lo más importante es haber sentido.

Y eso significa Vida,
significa que existimos,
que seguimos en el adecuado rumbo a nuestro destino.

Ahora la sencillez es captada por esta sensibilidad alrededor del ser que habitamos.

Somos débiles frente al Amor, fuertes en la libertad de expresar ese Amor a los labios del mundo entero.

Parece complejo,
pero es vital,
la sencillez lo aborda.

Un corazón cerrado,
únicamente endurece el caparazón de la incomprensión,
y el desánimo por todo lo ya logrado.

No es la agonía,
sino nuestra agonía la que no está hecha para adherirse a este ser.

¡ Hundámonos en los besos de alegría,
mientras sentimos deslizar lágrimas entre labios !

Quizás hayamos abandonado la realidad dejando que sea el trágico desánimo quien predomine en el corazón. Sin embargo, aunque lo pensemos, sentimos que no es cierto. Es la mente que junto al ego, tratan de hacernos merecedores de esos acontecimientos externos que siguen engañándonos. Pero ellos no han de ser más inteligentes que nuestras despiertas emociones.

Son nuestras fuerzas de amar quienes siguen demostrando que día a día, noche a noche, soñamos con llegar alto, tan alto que nos realicemos como seres espirituales en la exaltación de este Amor.

¡ Dejemos de mirar al suelo, levantemos la cabeza para vernos en la Vida !

¡ Hay mucho por vivir, y mucho más por sentir !

Imitemos a aquellos que sin barreras en su interior, pueden ver constante y simultáneamente a la Vida y al cielo unidos en su lucha por la liberación, aquellos provistos de una consciencia más amplia o quizás de una consciencia más despierta.

No es malo encerrarnos en nosotros mismos, es maravillosa la introspección en nuestro ser porque nos ayuda a vislumbrar lo aparentemente inexistente, aunque constantemente nos haga sentirnos diferentes a los demás o desplazados en la sociedad.

No sabemos,
sino que sentimos en el fondo de este ser lo especial que somos,
lo original,
lo cercano que estamos al sentimiento real de la Vida.

Nada te detiene, solo tu.
Nada te entorpece, solo tu.
Nada te hace llorar, tan solo tu.

Nos sentimos seguros encerrándonos en nuestro interior, sabiendo que de ese modo podemos salvaguardar la pureza de la Esencia entre sentimientos, y así ser uno mismo quien decida cuándo han de ser entregados, y a qué ser de Amor concederlos.

Somos conocedores del sentido de esta Vida, y del poder mágico de su música resonando en nuestro interior, y ello nos hace vibrar en los compases marcados por emociones orquestadas en el Alma.

¡ Nunca seas lo que la sociedad espera de ti,
sé lo que tu sientas que debes ser en la música del Alma !

Así es como se consigue vibrar en nuestra piel, en vislumbrar cada rasgo de dolor, en llorar sin cesar sobre noches de ensoñaciones, y todo por llegar a despertar una consciencia adormecida.

La tristeza no significará nada sino estás entendiendo las enseñanzas del Dios que llevas en tu interior.

O quizás podría significar, el derroche de energías a través de los ojos debido a estímulos sin explicación convincente del intelecto, o la curación de heridas a través de un nuevo conocimiento.

Soñaremos con un cambio emocional en lo alto de la esperanza, capaz de llenar todo el vacío que habita en esta melancolía.

> *Así de frágil es el dolor por amar.*

> *Así de vulnerable es tu corazón.*

¿ Lo sientes ahora como yo ?, porque si es así, estarás alargando tu mano hasta tocar mi respiración en el espacio más sensible de este instante.

> *¡ No es momento de entender nada,*
> *solo es momento de captar esta sensación emocionada !*

Es la impaciencia quien anhela conocer cuanto antes todo lo que llevamos en el interior, aquella que nos adentra en la desesperación, la que invade el infinito de nuestra divinidad.

Busca esa música que simultáneamente suena en el exterior, y permite que resuene con la de tu interior, porque a su lado encontrarás la Esencia de la existencia; Esencia capaz de hacerte ver la magia e ilusión que reside en ti.

Entrarás en el romanticismo de una nueva era,
recuperarás la esperanza perdida;
perdida allí donde no te encontraste.

Y cuando llegues a la emoción,
estarás al lado de tu mitad,
al lado del tan anhelado Amor de tu Vida.

Empieza a sentir;
a sentir muy profundamente sus latidos,
la humedad de su piel,
la proximidad de la felicidad que mereces tener en esta eterna existencia.

Es el instante donde verdaderamente te sientes vivo;
sintiendo su piel,
sintiendo cómo ambos formáis un único ser,
sintiendo cómo la existencia surge;
de la realidad más profunda,
de la sensación en que se diluyen los pensamientos.

Algo vital te hace respirar su aliento,
consciente en ese espacio sin tiempo mientras os amáis.

Puedes notar como os atrapáis,
cómo os convertís en uno para siempre,
cómo os entregáis al Amor por el que tanto habéis soñado.

Así se ilumina la Vida,
la sensación dentro del Amor;
un Amor que compartiréis en absoluta integridad,
sin miedos a la eternidad.

Sentiréis el modo en que se crea la sublime felicidad,
la entrega en cuerpo y Alma al Amor,
la eternidad enamorados de vuestra Esencia.

Ahora que eres libre en tus emociones,
es momento de crear una nueva realidad,
llenando tu mundo interior de armonía.

[06/02/2016]

XIV

TE AMO, TE NECESITO
- Imaginando sueños -

Muy probable que en lo alto del cielo se encuentre un mundo que en esta experiencia de Vida no conozcamos, y sin embargo, deseemos llegar a él lo más tarde que nuestra Alma nos conceda. Pero mientras estemos en este lugar, seguiremos interactuando con otros seres vivos de diferente ideología, religión y cultura, sin descuidar ocasionalmente que todos ellos también poseen sentimientos.

No siempre ha resultado fácil la relación entre personas que no siguen una misma línea ideológica hacia un mismo nivel de educación, cultura, religión y/o color de piel. Esto ha hecho posible que se formen grupos de personas que compartan esos mismos aspectos, conceptos o rasgos. De modo que por un lado nos hemos unido, y por el otro hemos distanciado el Amor entre nosotros. Todo ello ha delimitado su fuerza y su propósito de ser y formar una única raza -la raza humana-, de ser una única sociedad y de formar una aceptación en la que cada uno de nosotros decide individualmente sin aislar al resto bajo juicios y/o prejuicios.

El Amor hacia los demás es posible, no busquemos inconvenientes donde no los hay, no sigamos malgastando más energía en la no aceptación de seres como nosotros, y más aún cuando en lo más profundo de nuestro corazón deseamos que nos acepten tal y como somos.

Porque no aceptar a los demás, es mostrar el poco Amor que sentimos hacia nosotros mismos, y esta actitud solo desemboca en la representación de la involución consciente.

Cuando además imponemos condiciones y/o intereses, entonces ya no se trata de Amor, ni siquiera de afecto, únicamente es supervivencia mediante una dependencia a través de otro ser y mezclada en la desesperación de miedos.

Descubrimos la existencia del miedo a no vivir el tiempo suficiente hacia el encuentro con esa Alma gemela, perdemos la esperanza provocando vacíos internos, vacíos que se llenan con pensamientos de estabilidad económica y/o emocional que puedan obtenerse en una nueva relación.

Cuando expresamos "te amo porque te necesito", estamos inmersos en la inconsciencia de un egoísmo e interés condicionado a ciertas actuaciones e intenciones muy lejos del Amor y muy cerca de miedos internos. Se trata del intento en convencernos interiormente que nos encontramos en una relación en la que hay Amor por el simple hecho de haberla catalogado mentalmente, y no sentida como verdadero Amor. Y porque pensamos que lo merecemos todo, nos forzamos a vivir un Amor irreal en el exterior desde nuestro interior.

Iniciamos un engaño hacia quien nunca nos ha fallado; nuestro corazón.

Iniciamos una proclamación sobre nuestro regreso cercano, hacia ese nuevo aprendizaje entre olas de lágrimas y gotas de océanos.

Es el engaño inconsciente, que bajo la imposición de los miedos nos fuerza a pensar que se está sintiendo algo especial, algo que no llegará a existir en ningún momento de esa relación. Porque todo es mental, se trata de un pensamiento que bloquea toda conexión hacia el lugar donde surgen únicas emociones de verdadero Amor. Ese engaño no está agrandando un sentimiento, sino un vacío.

Es el vacío interno el que se hace más profundo,
es el océano quien nos inunda,
es el amanecer quien nos llena de espejismos,
en donde no somos capaces a vernos entre tanta niebla mental.

Contrariamente la expresión "te necesito porque te amo", genera una sensación que no deja indiferente a nadie, surge un sentimiento que se afirma y se establece tanto consciente como inconscientemente.

En ambas expresiones observamos el precipicio que separa nuestro engaño de nuestra verdad. Un engaño aislado de emociones y sobre necesidades creadas en los miedos de una supervivencia dependiente. Y una verdad arraigada en el sentimiento real y sobre una necesidad de vivir desinteresadamente con la palabra que une corazones enamorados incondicionalmente, donde sus letras dejaron de ser desconocidas.

> *Hubo un día en que el Amor habló a tu corazón,*
> *un día en el que se unieron,*
> *un día en el que aprendieron contigo la enseñanzas de su verdad.*
>
> *"Cuando me veas, no importará que me olvides;*
> *porque ya habré llegado a ti".*
>
> *"Cuando me sientas, no pensarás en abandonarme;*
> *porque ya estaré en ti".*
>
> *"Cuando me ames, no será necesario que me quieras;*
> *porque ya seré,*
> *lo mismo que tu".*

No hay nada en el exterior que necesitemos,
excepto el aire que respiramos.
El resto de aquello que creemos necesitar, nos espera en el interior.

[23/03/2016]

XV

EL PODER DEL ALMA
- Lo que sientes -

El Amor es quien eleva el Alma de todo ser vivo,
porque el Amor es el poder del Alma,
y el Alma nuestra única fuente de energía.

Es el Amor; ese "Don" que poseemos mucho antes de nacer, ese "Don" que seguimos descubriendo a medida que vamos madurando nuestra consciencia en el aprendizaje, en cada acto de afecto hacia nosotros, hacia los demás y hacia todo nuestro entorno.

No es el sexo sin Amor quien satisface el Alma de un ser que nunca ha permitido una transcendencia sobre el vacío existente en su interior. Esa satisfacción engañosa que trata de llenar ese vacío, solo es fruto de nuestra mente, que junto a una necesidad física se lleva al extremo. Después, el vacío emerge provocando dolor, abriendo espacio en nuestro cuerpo mientras desgarra entrañas y expande locura.

Nos hemos encarnado en un cuerpo físico de este mundo con un único objetivo, un único significado que el corazón nos desvelará en nuestro despertar. Y en ese momento nos impregnaremos de esa sensación en la eternidad, mientras su voz siga resonando en nuestras profundidades.

¡ Hemos venido hasta aquí para aprender a amar !

Será la mayor revelación que llegará a la consciencia desde tu interior,
pero con un especial significado que solo tu percibirás.

Y este concepto tan amplio pertenece a una realidad ramificada en innumerables extremidades, y todas ellas enfocadas a una acción específica ubicada en el poder de la mente, y supervisadas en nuestro corazón.

Nuestras almas han llegado aquí procedentes de mundos distintos en diferentes galaxias, y con el propósito más importante de:

¡ Aprender a amar !

Existen patrones entre nosotros, patrones que independientemente de la edad, color de piel y cultura, se muestran en rasgos muy similares tanto físicos como psíquicos. Patrones captados por semejanzas en el rostro, en los gustos, en la forma de vestir, de expresarse, de pensar, de ser y de sentir. Semejanzas a las de otro ser vivo en otro lugar de esta tierra.

Hemos llegado a este mundo procedentes de diferentes lugares en diferentes universos, y hemos formado diferentes sociedades con unos estrictos e idénticos patrones, pero no sucede de manera inflexible, ya que prioriza nuestro propósito de Vida. Lo más aproximado es la formación de pequeños grupos con una misma ideología o filosofía de Vida en una similar resonancia energética.

Antes de entrar en este mundo, experimentamos el gran momento donde nuestra Alma decide seguir evolucionando, el instante que exigirá su transformación hacia lo físico, así como la elección de un lugar donde seguir desarrollando su crecimiento en consciencia evolutiva y hacia otros planos dimensionales. Y es este el lugar que hemos elegido, el único lugar donde ahora debemos perseguir la felicidad porque existe la infelicidad, origen de ser una Vida perfecta para nuestra propia evolución espiritual en este ciclo interestelar.

Llegamos a este y otros lugares donde entenderemos si somos el ser que aprenderá o el ser que enseñará lo aprendido en otras experiencias de Vida.

Independientemente del rol que desempeñemos -aprendiz o maestro-, estaremos siempre capacitados a instruir a los demás, porque estamos predestinados a evolucionar individualmente según leyes universales, y porque nuestra ayuda a seres de esta tierra es esencial, vital para seguir en el destino de la evolución.

En cada encarnación, ya sea la primera o enésima vez, decidimos el cuerpo físico y el entorno que pueda aportarnos un mayor desarrollo evolutivo en este aprendizaje espiritual, un aprendizaje que nos hemos impuesto antes de partir. De ahí proviene un ligero recuerdo de otras encarnaciones incitando a que nos guste o nos apasione hacer unas cosas más que otras, que nos decantemos más hacia un color que hacia otro, que nos sintamos más atraídos por una cultura, que por otra, que nos identifiquemos más con unos seres que con otros independientemente de su lugar de origen en la tierra. Todo es una demostración y resultado de que ya existíamos en un espacio del universo antes de llegar aquí, un espacio en el que nos desarrollamos junto a esos seres en otros lugares del cosmos, por lo que todo ello no deja de ser vagos recuerdos en nuestro inconsciente sobre vidas anteriores, donde nosotros mismos nos permitimos o prohibimos el acceso a ese conocimiento mucho antes de nacer.

Nos hemos entregado un limitado conocimiento considerado esencial y suficiente para esta Vida llena de situaciones diferentes pero iguales en su integridad, sintiendo una experiencia que llena el Alma de divinidad durante toda una eternidad, y quizás, siendo el dolor más dulce en su aprendizaje.

> *Permite que crezca desde nuestro interior el Amor,*
> *que empiece a desarrollarse,*
> *a madurar,*
> *que expanda raíces amando incondicionalmente.*

> *Porque no hay duda que nosotros,*
> *los seres humanos,*
> *somos los seres vivos que menos practicamos el Amor incondicional.*

> **¡ Es el sueño de toda Alma, incluida la nuestra !**

En nuestro crecimiento personal hemos de aceptar que todo aparece y desaparece, que todo tiene inicio y final, que todo ello determina el proceso evolutivo en una transformación de energías.
En nuestro crecimiento espiritual todo es una transformación de energías, donde el Alma se envuelve de emociones.

Es amar a los demás amándonos a nosotros mismos,
es construir castillos de Amor en escépticos corazones;
corazones que habitan entre almas perdidas;
perdidas en su camino de la inexistencia.

Pero el Amor nunca desaparecerá,
porque nunca tuvo un primer instante de aparición,
siempre estuvo ahí,
a la espera de crear almas en este inmenso universo angelical.

¡ No desaparecerá de nuestro interior,
mientras existamos como entes de divinidad !

Anhelar nuestra Esencia nos convierte en buscadores de la verdad universal, del entendimiento sobre algo que en un momento de esta experiencia de Vida se ocultó, y una vez lo hayamos destapado, entraremos en el estado de proseguir nuestro sendero hacia la totalidad de una espiritualidad que nos adentrará en su infinita gloria.

Será nuestra propia transcendencia del crecimiento personal al espiritual, convirtiéndonos en seres; seres esperanzados en que el Amor ciegue la lógica de este irreal sueño, a que sea tan fuerte el sentimiento que exterioriza que todo lo demás quede sumergido en esa tierra bajo el mar.

Son esas tristes mañanas,
en las que despertamos del sueño más dulce.

Esas mañanas que nos dejan aislados,
perdidos en un lugar que creíamos conocer,
un mismo lugar llamado realidad,
una visión presentada por una consciencia despierta.

Entramos en resignación al aceptar que es esa la realidad que vivimos; la realidad de un camino donde nuestra fuerza de amar será despertada.

Salimos del sueño, para volver a la realidad en este mundo donde dedicamos un ligero instante a la reflexión, a ese pensamiento en donde analizamos en qué plano de realidad nos encontramos, y en cuál sentimos que deseamos estar.

Es inevitable, percibir cómo nuestro rostro se ilumina en lágrimas de dolor al no alcanzar una respuesta que tranquilice esta Alma soñadora. Al igual que con ilusión elegimos ir al sueño y vivir en él, también es nuestro deber mantener esa ilusión para salir y volver a empezar. Pero esta vez en la realidad de este planeta, en la Vida que nos pertenece en este presente. De ese modo nos enfrentaremos sin miedo a lo que nos está esperando ahí fuera, manteniendo los sentidos abiertos a un nuevo mundo de experiencias unidas.

Es emoción suficiente la que nos invita a vivir,
a sentir la realidad de esta Vida desde la profundidad del Amor.

Es caricia indescriptible de nuestra Alma la que nos incita a trasladar,
a compartir el conocimiento de la verdadera realidad,
a entregarlo enseñando a discernir qué es sueño y qué es realidad.

Es la entrega de emociones y caricias quienes recuerdan nuestro origen,
el lugar que habitamos antes de llegar aquí.

Y es desde este lugar, donde valoraremos todo lo que existe a nuestro alrededor, en cada instante y con cada uno de nuestros sentidos. Porque desde esta orientación básica de nuestra existencia obtendremos un mejor equilibrio, bienestar e intensa compenetración con los demás seres vivos de esta naturaleza.

Debemos saber dónde estamos y cómo estamos, concienciarnos del entorno en el que se desarrolla nuestra existencia basada únicamente en emociones conscientes.

Ahora es el preciso instante en que la lógica puede ser útil, de modo que analicemos lo negativo para elevarlo al estado de positividad sin interactuar en puntos de vista neutrales, asumiendo consecuencias, y aceptándose a uno mismo desde el inicio de las dudas que generan los miedos, hasta el final de nuestra existencia en la tierra.

Siendo objetivo se es más consciente,
siendo realista creamos sensibilidad,
siendo altruista empatizamos con nuestro entorno natural.

Nuestro camino no deberá ser interrumpido por depresiones originadas desde una filosofía de Vida realista.

Todo ello abarca el propio sentido común de una moralidad que se sumerge en la paciencia, disciplina y concentración; donde se logra tomar consciencia de nuestro ser, de nuestro propio yo y de los demás.

No te apresures,
   el despertar de la consciencia es lento y sin pausas.

Tampoco te detengas,
   porque correrás el riesgo de perder la luz,
      volviendo a buscar un destino,
         aunque esta vez sea entre sombras.

Él te encontrará en un blanco camino de flores,
   porque siempre descansa a un ligero espacio temporal de ti.

Una vez allí,
   frente a él,
      empezarás a caminar sobre rosas enamoradas.

El ritmo con el que avanzarás vendrá dirigido por cada latido de emoción,
en cada palabra escuchada desde el corazón.

No busques comparaciones, semejanzas,
   ni igualdades en este Amor,
      porque el Amor eres tu.

"Somos Amor por ser parte de él"

"El Amor no es Vida, la Vida es Amor"

¡ Ama tu Vida !

Si algún día entras en tu corazón,
descubrirás que no existen religiones.

[01/06/2011]

XVI

OLVIDANDO RELIGIONES
- Entrando en la Esencia -

Religión; estímulo psicológico que llegó a nosotros con el objetivo de expandir conciencias, sin embargo, el ser humano se ocupó de corromperla en el camino, y así guardar los miedos que ellos mismos generaban, donde su único objetivo era controlar al resto de la humanidad en la maniobra más colosal de la historia de esta tierra.

Desde milenios, nos han trasladado esa relajación y desahogo que tranquilizaba nuestra mente en la soledad ante las vicisitudes y misterios inexplicables de la Vida. Entonces era necesario tener una profunda fe en aquellos libros que de algún modo llegaron a nuestras vidas. Libros y dogmas que fueron manipulados para ganar el control sobre nuestra propia Esencia.

La religión y su filosofía de Vida, se presentó en su creación como Amor y conocimiento. Desde entonces ha sido transformada en lo que hoy conocemos. Transformada al gusto de aquellos seres que siempre han buscado el poder y control sobre la humanidad a través del miedo y la creencia de que existe algo superior a nosotros, cuando en realidad nosotros somos ese ente al que adoramos, rezamos, mencionamos y suplicamos.

Diferentes religiones surgieron en épocas ya pasadas cumpliendo su papel en un proceso necesario, aunque no imprescindible para la evolución humana.

¡ Pero ya solo es pasado,
y carece de sentido hablar de lo ya inexistente !

Hoy el ser humano ha evolucionado hasta llegar al inicio del despertar de su consciencia, donde siente esa fuerza energética que muestra cómo unas creencias religiosas han transcendido a otro lugar olvidado donde únicamente fue necesario en el ayer, y que hoy solo es, pasado.

Hoy el ser humano ya no busca la fe en el mundo exterior;
su evolución abrió los ojos del corazón.

Ya no lee Biblias de Amor ni de conocimiento;
ahora ha descubierto el lugar donde se encuentra la magia.

Y ese lugar es su interior,
allí donde está la Esencia,
allí donde surge el Amor,
allí donde emana su fuente de energía.

La evolución del ser humano ha llegado a través de una transformación de sentimientos, de una conexión más profunda, de un despertar consciente, de una separación o alejamiento de lo externo, de una lenta introspección en su Alma hacia el encuentro con sus emociones, y hacia el lugar de la verdad sin entrar en sueños.

Ahora su energía vibra en una frecuencia más canalizadora desde su corazón hacia su mente.

Ha descubierto que su Esencia le pertenece, y que llegar ahí le proporcionará su trascendencia espiritual.

Un trayecto convertido en nuestro gurú mental,
en el confesor de nuestras inquietudes,
donde la tranquilidad y el bienestar invaden nuestro ser,
provocando que la creencia sea:
la fuente de la Vida,
la boca de la sabiduría,
la fragancia de la naturaleza,
la divinidad humana de una fe elevada.

Todos los seres y entidades del cosmos son origen del Amor,
sencillamente porque el Amor está en nosotros;
y nosotros somos Dios,
nosotros somos Amor.

¡ Aquel que se ama a sí mismo,
ama la divinidad,
ama a su propia creación !

Surge un sentimiento de tristeza cuando observamos una Vida aislada de cualquier valor ético-moral lejos de nuestra Esencia. Es en ese presente en que bajamos la guardia dejando que el inconsciente intelecto tome el control de nuestra existencia. Y este error es tan profundo, que anuncia un aprendizaje desde el corazón hasta las entrañas, rozando la locura.

Resultará preocupante no querer ver una solución clasificándola como lejana e invisible, o quizás inalcanzable e imposible. Abrimos nuestra mente racional para bloquear nuestros sentidos provocando que las palabras provenientes del interior se desvanezcan junto con el aire que exhalamos.

Pese a todo, realizamos demasiados esfuerzos por producir más en nuestros trabajos, y por consiguiente, ganar más para consumir más y más, ganar más para entrar en la rueda del "sistema", para no salir del monótono "ciclo vicioso".

Esta actitud de inclusión en el "sistema" nos da recompensas, comodidades materiales y éxito en el mercado laboral de nuestro egocentrismo. De este modo el ego se está ocupando de transmitir el falso testimonio mental de que nos estamos realizando como seres humanos con esta trágica y dramática actitud. Para él, es necesario que nos identifiquemos con algún título académico, con alguna categoría profesional, con un logro laboral o reconocimiento, con aquello que nos haga sentirnos alguien importante en la Vida, porque para él no somos nadie hasta que no alcanzamos popularidad o notoriedad entre otros o sobre otros, y en consecuencia, nos aportará un impulso en la autoestima del engaño. Su manipulación viene empujada por un sistema político-económico que nos orienta hacia una sumisión de nuestro propio control, siendo orientados y dirigidos hacia donde este "sistema" desea, y no es otro lugar que el de tenernos controlados y dormidos en sueños que nos ahogan lentamente en medio de la esclavitud.

Insatisfecha esclavitud, la cual provoca que no nos gustemos como somos, que tratemos de herirnos alimentándonos con lo que no debemos comer, bebiendo aquello que no debemos ingerir, y en otras ocasiones, divirtiéndonos con drogas.

En la actualidad, la indiferencia y egoísmo de nuestros esfuerzos generan alienación a un mundo de empresas que hacen lo posible en crear nuevas necesidades, necesidades bajo el oculto deseo de ganar más para tener más, más poder. Y nunca como un aporte a la sociedad, por mucho que aclare la cultura empresarial.

No reaccionamos, y ese acto de no hacer nada nos está aislando más y más de la madre naturaleza y de una Vida en plena felicidad. Es la Vida que anhelamos, aquella Vida que se enciende desde el corazón para que lamentablemente se apague en la mente.

¡ Parece que la ceguera es nuestra aliada !

La vulnerabilidad se aleja de unos pocos que analizan y plasman la realidad del ser humano en el mundo de hoy, convirtiendo este en un mejor presente. En su despertar consciente, llegan a entender que no todo lo que deseamos y consumimos lo necesitamos.

¡ Cuidado con lo que deseas !,
        ¡ Cuidado con haber ganado cuando lo alcanzas !

Debes ser paciente con esas emociones dejando que fluyan en su ámbito, de lo contrario se volverán en tu contra.

La inconsciencia voluntaria se adhiere a nosotros, donde vivir es cuestión de dinero y formas materiales a usar para un bienestar temporalmente psicológico. Un movimiento que día a día enmascara la realidad y nuestro propósito como seres de luz, un movimiento de esclavitud humana oculta en la psicología más avanzada.

Permanecemos delante de una avalancha que sigue creciendo, que nos paraliza en la alienación de deseos innecesarios en nuestro proceso evolutivo.

¡ Se trata de codicia basada en poder, y dirigida por el dinero !

Sin duda el dinero es el objeto inventado que controla, manipula y domina el mundo desde el principio hasta el final de la Vida de un ser; un ser igual a nosotros.

¡ Huye, tus sueños no están en ese plano de realidad !

Cuanto más dinero acumulan menos miedo creen percibir y más felices afirman ser, ya que con él no solo obtienen lo básico que necesitan para sobrevivir, sino que tratan de satisfacer el deseo y la ansiedad que el consumismo les implanta en su intelecto con infinidad de mensajes a través de todos y cada uno de los medios de comunicación.

Estos medios de comunicación, donde la gran mayoría pertenecen a un sistema gubernamental vigente, hacen muy bien su trabajo llevando masas hacia la perdición y desorientación humana y social, creando un control sobre el inconsciente y adormeciendo su Esencia.

Ya no se conforman con mostrar imágenes entre sonidos de sus productos y/o servicios, sino que han aprendido a introducirlos a través de los sentimientos con nuevas técnicas emocionales, técnicas que siempre nos pillan por sorpresa a causa de nuestras debilidades. Su táctica es entrar en las emociones a través del intelecto, sin importar que sea algo temporal, ya que cuando crees despertar, te encuentras atrapado en su consumismo.

En esta época, la televisión sigue siendo el medio de comunicación y manipulación con mayor alcance, incitando a grandes masas hacia la ceguera consciente, donde muchos hacen de ella su gurú en medio de la desinformación que procesan.

Esos "sistemas" que tratan de controlar y manipularnos en su beneficio, no entienden que nuestro sufrimiento lo estamos convirtiendo en conocimiento a través de nuestro corazón, y que el siguiente paso será abrir y ensanchar el canal que permite el flujo de energía entre nuestro corazón y nuestra mente.

La ignorancia de estos "sistemas" les llevará a su extinción. Han caído en su propia trampa, ya que afortunadamente no solo no han sabido manejar los hilos de su incesante codicia de poder, sino que ampliaron su desconocimiento sobre la tendencia que ejerce la energía del universo. Esa tendencia es hacia el Amor, almacenándose este antes o después en la consciencia de cada ser vivo dispuesto a abrir los ojos, y cuando todo eso ocurra, no será para llorar.

Sistemas políticos y religiones apoyadas por egos, siguen haciendo estragos mientras nuestra capacidad mental no asimila que:

la creencia en la política nos aísla de nuestra Esencia humana,
al igual que lo siguen haciendo las religiones.

Pero la Vida de calidad no está en aquello que proporciona lo material, sino que se haya en lo que proporciona lo emocional por ser de duración infinita.

¡ No ignoremos que la salud mental,
es más importante que la salud económica !

El avance y desarrollo de esta sociedad ha contribuido a una evolución consciente, favoreciendo el despertar de personas que no comparten ni están dispuestas a alienarse a una tendencia en decremento de principios y valores ético-morales donde predomina el consumismo, excusado bajo un materialismo y necesidades inexistentes.

Es muy probable que este cambio de mentalidad signifique el entendimiento sobre nuestro ser desde el principio de su Esencia, y que este sea el inicio hacia un despertar.

Pero seguimos aferrándonos a amuletos con finalidad consumista e interesada, donde una vez solicitada la petición, se da gracias a Dios por toda la satisfacción personal, material y/o egocéntrica que se ha obtenido. Esto no deja de ser una frecuencia negativa involucrada en el "sistema" que dirige una dormida sociedad. Y ese no es el modo de llegar a un desarrollo evolutivo, sino a un distanciamiento de la alianza con nuestra Esencia.

Una vez más el tiempo sigue pasando por nuestras vidas;
esas vidas que nos dan la oportunidad de abrir los ojos.

Después de todo llega la inexistencia, quizás sin haber inculcado unos principios básicos de Amor a la siguiente generación, quizás sin llegar a ser un ejemplo clave de nuestra presencia, quizás sin cumplir con nuestro propósito de Vida en este lugar, y lo más grave, sin haber transmitido que lo más importante es la satisfacción espiritual de uno mismo amándose para poder amar a los demás.

Debemos dejar que fluya el sentimiento de ser agradecidos por tener la oportunidad de vivir en estos cuerpos, de respirar en esta naturaleza, de habernos sentido conectados en cuerpo y Alma, o al menos haberlo intentado.

Así una vez más, hemos estado aquí para aprender una lección, una enseñanza de ese libro eterno de crecimiento estelar que proyectamos en nuestro lugar de origen, con la única intención de aplicar parte de él en esta tierra, en esta experiencia de Vida.

¡ Fuimos nosotros quienes diseñamos esta encarnación !

Aun así, seguimos negando la realidad del mundo en el que estamos, donde la elección por el camino fácil y cómodo siempre ha sido nuestra habitual costumbre. Un camino donde en algún momento de la Vida las lágrimas nos obligan a detenernos y escuchar al corazón, descubriendo por nosotros mismos el significado del Dios que llevamos en nuestro interior.

El ser humano está tan alejado de su significado, que ya no cree en que la Esencia de un ser vivo pueda iniciarse en la unión con la naturaleza.

Ya no nos preguntamos dónde está el cielo, la tierra, el mar, el sol, la luna, ni dónde sentimos la lluvia, el calor y el viento.
Estamos tan ocupados en tantas otras cosas que todo esto carece de importancia pasando a segundo plano, y aunque conocemos el significado de estos elementos, no la inmensa influencia que ejercen sobre nosotros.

La influencia de lo externo se capta en lo mental o emocional,
dejando que decidamos dónde establecer esa conexión.

Quizás en la actualidad nos encontremos muy ocupados con nuestro trabajo, nuestros seres más cercanos, nuestros entretenimientos y con todas esas tareas o actividades que agregamos a la Vida a modo de obligación, rutina u ocio. Y que de algún modo permitimos que las preocupaciones nos alejen de ocuparnos por lo que ahora y siempre fue importante; nosotros.

¡ No has de preocuparte por nada importante,
solamente has de ocuparte por todo lo que sientes !

¿ Pero cuántas veces nos hemos parado a pensar en nosotros mismos, en saber que nuestro cuerpo y nuestra Alma en su unión necesitan nuestra atención para existir en un mundo universal de consciencia despierta ?

Nos agrada estar en compañía de otros seres,
sin embargo,
nos da miedo estar en soledad con nosotros mismos.

A través de la meditación -método que nos hace estar en contacto con la existencia-, lograremos que el poder de nuestra mente entre en contacto con los miedos que bloquean nuestros sentidos. Ello será vital para encontrar el principio de identificarnos, saber quiénes somos y para qué estamos en este mundo viviendo esta experiencia de Vida. Se trata de un método que separa el plano material o autómata de la divinidad del cosmos, el cual nos dará paso a desarrollar nuestros sentidos extrasensoriales, y con ello, salir de la monótona existencia que nos ha tenido toda una Vida involucrados en corrientes de energía de baja frecuencia.

Desde una reflexión concentrada sobre lo que somos y dónde estamos, tomando consciencia de nosotros mediante una relajación enfocada en la respiración y manteniendo la mente completamente en blanco, seremos capaces de trasladarnos a otra dimensión de esta paralela realidad.

Ese espacio en el tiempo que nos muestra lo que dentro de nosotros existe, las acciones que hemos de emprender con el fin de dar con las respuestas, mientras nos abrimos paso en la selva de la incertidumbre.

Daremos con ellas aunque esto suponga andar por dos caminos al mismo tiempo, donde en uno dependamos de nuestra capacidad alienada a la supervivencia, y en el otro desarrollemos nuestra Esencia original y fundamental como seres humanos en esta madre naturaleza que sin duda, también pertenece al cosmos. Por lo que será el modo de encontrar el equilibrio esencial de este ser vital en el que hemos decidido experimentar una Vida. Y si aún late Vida en su interior, es porque hasta ahora ha superado las dificultades encontradas e impuestas en su trayecto, y que gracias a que su mente escuchó al corazón, pudo oír donde el tiempo dejó de existir.

Entrarás en la profunda soledad,
y cuando eso ocurra,
atrévete a preguntar a tu corazón cómo te sientes,
qué sientes,
por qué sientes así,
para qué sientes emociones.

Crea una íntima comunicación con él mediante la sensibilidad,
establece el lazo que os unirá en sueños de una verdad;
verdad que has anhelado mucho antes de nacer.

Atrévete y hazlo,
porque él desea llevarte junto a tu Esencia,
en alas de una armonía estimulante.

Una aptitud de recapacitación acerca de uno mismo, de la Vida, del Amor, puede cambiar nuestra percepción y trayecto a seguir, dando lugar a construir un nuevo yo, y así, una nueva era de pureza en nuestro interior.

¡ Ahora es el momento, porque aún estás en Vida !

Quizás mañana no respires,
quizás tampoco lo hagas en unos segundos,
y entonces,
ya no merecerá la pena hacer nada por ti mismo.

Ahora no me preguntes, porque todas las respuestas permanecen en tu interior, están ahí esperando ser reveladas, descubiertas cuando hayas vibrado con ese sentimiento que solo a ti pertenece.

Considera una vez más,
que si te amas,
amas a Dios,
y solo así,
se te entregará la capacidad de amar a los demás.

Olvidemos nuestra religión,
y solo así,
obtendremos fe en el Amor del Dios que late en nuestra Alma.

En tu mente y en tu corazón han de permanecer mis virtudes,
pero también mis defectos,
ambas me llevarán a la perfección de amar.

[18/01/2012]

XVII

EGOÍSMO EN LA SOMBRA
- Donde el mundo no gira -

Desde todos los tiempos se ha demostrado que el desamor hacia uno mismo hace que la soledad se convierta en prisión, provocando situaciones sin escape y rodeado de muros invisibles que solo nosotros hemos sido capaces de construir.

¡ No fue Amor,
el acto de amar a los demás si uno antes no se amó a sí mismo !

Vivimos en una sociedad tremendamente egoísta, que observa a cada ser como una fuente de riqueza del que intentará obtener el máximo beneficio, o quizás usarlo como un peldaño más en quien apoyarse, careciendo de empatía hacia las necesidades de los demás. Probablemente por falta de habilidad suficiente para satisfacer las suyas propias.

El egoísmo, suele estar relacionado con el cuerpo y el mundo material.

El altruismo, suele estar relacionado con el Alma y el mundo espiritual.

¿ En qué lado piensas que estás ?
¿ En qué lado sientes que estás ?

No olvides, que si disfrazas tu comportamiento egoísta en un ambiente altruista, estarás inmerso en la hipocresía.

Aquel ser sumergido en el egoísmo carece de dignidad y respeto hacia sí mismo, y sin duda, también hacia su entorno.

¡ Su visión no existe, su ego lo ciega !

Su valoración hacia los demás, se mide en aquello que pueda extraerles.

¡ El egoísmo es la mejor táctica en alimentar la incapacidad de amar !

Nuestra lucha, que parece interminable, es la contradicción de emociones, el desequilibrio en la aceptación y rechazo hacia uno mismo, donde el Amor y odio generado por los miedos se enfrentan por el control del ser que habitamos.

El odio hacia uno mismo,
genera odio hacia los demás,
provocando amargas sensaciones.

El Amor hacia uno mismo,
genera Amor hacia los demás,
crea el inicio de la evolución consciente hacia la espiritualidad.

Solo así indagaremos en buscar otras actitudes hacia la generación de Amor en nuestro interior, el esfuerzo de trabajar conjuntamente cuerpo y mente.

Y no será fácil,
ese paso exige sacrificio,
y los resultados iniciales serán de frustración;
frustración y lágrimas mientras nos deslizamos.

Y una vez nos hayamos perdonado y aceptado, se iniciará una nueva experiencia de Vida donde reinará la libertad de decidir un nuevo rumbo, siendo la entrada a otro plano de esta realidad.

Es la generosidad, que en sus expresiones se ha representado en el altruismo empatizando con los demás y con aquellas actitudes positivas en beneficio del entorno en el que vivimos, y en donde sus acciones fueron y seguirán siendo un modo de impulsar el principio de una Esencia como seres de luz.

A veces descubrimos, que con todo el Amor que damos a los demás uno no es todo lo feliz que espera ser. Y esa frase: "Ayuda a los demás y serás recompensado", se pierde en el olvido de un esfuerzo por obtener satisfacción y reconocimiento. Situación que evoca a llenarse de amargura frente a la Vida donde no se tarda en odiarse a sí mismo, y con ello, a todo lo que le rodea. Su impotencia e insatisfacción provoca un caos de confusión sobre los valores esenciales de nuestra presencia en este lugar, llegando incluso a cambiar nuestra actitud negativamente.

Si ayudando a los demás con Amor no obtenemos satisfacción,
eso es que aún no nos hemos ayudado a nosotros mismos.

Por ello, la acción que debemos interiorizar es la aceptación y comprensión hacia nosotros mismos con Amor en mitad de la soledad, y muy lejos del egocentrismo.
Nuestra postura debe ser el no hacer a los demás lo que no nos gustaría que nos hiciesen, y optar por hacer lo que nos gustaría que nos hicieran, aunque suponga a corto plazo la no obtención de los resultados esperados, porque es seguro que a medio o largo plazo nos alimentaremos de los frutos sembrados.

Una acción de humildad para no atragantarse,
es no esperar nada de nadie,
siendo este el secreto de recibir mucho de todos.

¡ Simplemente porque no lo esperas !

La paciencia con nosotros mismos, es lo que necesitaremos para lograr un objetivo común basado en nuestro desarrollo individual.

No des esperando recibir,
y obtendrás todo porque lo recibirás desde tu interior.

El dar te conectará con ese otro ser,
en un ámbito de Amor en el que emocionalmente vibrarás.

No necesitamos estímulos externos
para estar entretenidos en nuestra soledad.

[14/04/2016]

XVIII

DESTINO FORJADO EN SUEÑOS
- Paciencia disciplinada -

Paciencia, concentración y disciplina son pilares imprescindibles para crear riqueza tanto en nuestro interior como en la sociedad de este planeta, aunque no nos resulten fáciles de aplicar unidas, y menos aún separadas.

Es la paciencia la cualidad necesaria para seguir un sendero en paz hacia cualquier meta que nos propongamos. Sin duda alguna, encontraremos dificultades que serán mostradas en consonancia, siempre que nuestro objetivo se encuentre en línea con nuestro propósito de Vida. Así mismo, la inversión energética que apliquemos en su consecución será para cerciorarnos que la paciencia es la base del éxito.

La capacidad de poder concentrarnos reside en estar sumidos en la soledad por muy fría que esta sea, en donde deberíamos hablar con nosotros mismos desde y hacia el interior. Seguidamente conectaremos con la propia Esencia, quien siempre permanece a la espera de nuestro encuentro.

Estar concentrado,
significa estar experimentando instante a instante el presente,
el aquí y ahora,
en no distraer la mente con pensamientos sobre lo que hice,
sobre lo que voy hacer,
o sobre lo que podría haber hecho.

Después de todo, uno debe tener pleno convencimiento de que siempre hay un momento, un tiempo y un lugar para todo aquello que deseemos realizar.

Demos lugar en el espacio al tiempo,
porque en esta experiencia de Vida siempre seremos sus esclavos.

Aprovechemos cada espacio en el tiempo con fuerza de voluntad y organización, porque él es el único que desaparece sin despedirse.

La conducta disciplinada ha de ser una expresión con la que nos sintamos identificados resonando en consonancia, de lo contrario todo esfuerzo no servirá de nada. No ha de ser rígida, así que busquemos el término medio porque sí existe, no hay necesidad de situarnos en estados radicales. De modo que, la transmisión de este valor de generación a generación no tiene por qué ser autoritario, sino paciente y condescendiente.
Ese será el principio de un factor más en el equilibrio del crecimiento educativo sobre los nuevos seres espirituales que el ser humano está trayendo al mundo a través del milagro de la Vida.

Por otra parte, cuando aplicando todas las energías surgidas del corazón y no alcanzamos nuestro sueño, seguramente no andemos por el camino adecuado y necesitemos un cambio. Porque cuando la dirección a seguir está en línea a nuestro propósito de Vida, entonces andamos desde y hacia nuestro destino.

Reconoceremos que es nuestro destino, cuando haciendo lo que nos apasiona, las puertas se abren sin necesidad de llaves maestras.

Los libros suelen ser nuestros guías espirituales,
pero nuestro viaje no se aprende en ellos,
sino en la experiencia interior de una existencia;
una existencia junto a ti y junto a otros seres de este mundo.

Juntos hacemos la Vida,
nuestra existencia,
nuestro destino forjado en sueños.

La Esencia y el Amor forman parte de una misma entidad.

[08/04/2015]

XIX

IDEALES DE UNA ESENCIA
- Preparando el vuelo -

Durante la adolescencia, estuvimos defendiendo nuestros ideales apartándonos de pensamientos que no eran aprobados por nuestros juicios; juicios dentro de una escala de valores éticos y morales que cada uno íbamos forjando en mente junto con el encuentro de emociones. Defendíamos una conexión que sentíamos debía estar unida a nosotros durante toda una Vida, un enlace establecido entre pensamiento y sentimiento desde la propia resonancia emocional.

La desconexión siempre provoca la ruptura del lazo; el lazo con nuestra Esencia.

Y hoy, aun cuando creemos estar lejos de esos pensamientos, seguimos en las confusiones por falta de respuestas a nuestras incesantes preguntas. Y aunque todas esas preguntas tienen respuesta en nuestro interior, no encontramos la respuesta clave a una pregunta que ahora la mente debiera responder: ¿ En qué momento perdimos esa conexión que enlazaba mente y corazón ?.

¡ Era ese enlace quien lograba mantener la Esencia en nuestro ser !

El "sistema", nos desconectó de nuestra Esencia conectándonos a una programación donde nuestras emociones quedan al servicio de la manipulación.

En consecuencia a tal desconexión, se inician los desequilibrios donde surgen preguntas sin respuestas, donde una gran mayoría cree que sus razonamientos son única y exclusivamente los que rigen en este lado del universo sin aceptar opiniones distintas a la suya.

¡ Quizás esa postura mental sea quien les aleje de la sabiduría !

No busques una definición exacta sobre un pensamiento, porque no existe. Es necesario intervenir en los sentimientos para entender que cada expresión lleva un significado único, donde los ideales de Amor y compasión que transmitimos son iguales al de todos nosotros. Será este el modo de entender y aceptar una opinión que difiere inicialmente de nuestra objetividad. Creer o no en esa opinión, se basará en la vibración que percibamos tras nuestra reflexión.

Y son las vibraciones de esas reflexiones las que nos guían a conclusiones que definen nuestros valores. Pero cuando no son definidas entramos en una tendencia donde observamos que la mayoría de nuestras relaciones personales exigen compromiso en fechas concretas sobre épocas de celebraciones por aniversarios, eventos y felicitaciones. Siendo costumbre demostrar nuestro afecto más de un modo material que sentimental.

Estamos dejando que el materialismo se convierta en una forma de Vida, o quizás un modo de demostrar Amor. Y no ama más quien más dinero gasta en objetos materiales a regalar, ni ama menos quien regala poco o nada.

Pero ¿ De qué forma estamos deseando que nos amen ?, ¿ En forma de un detalle material respaldada por el dinero o en forma de Amor respaldada por sentimientos que proporcione esas buenas vibraciones que todo ser necesita en su Alma ?, ¿ Deseamos que se nos complazca en la mente o en el corazón ?

> *Pero cuando no se obtienen respuestas,*
> *cuesta creer que realmente sepamos lo que queremos.*

> *Lo físico no completa el espíritu,*
> *sino la mente,*
> *donde su duración es temporal.*

Esos compromisos, que de algún modo podemos percibirlo como una exigencia a demostrar algo hacia alguien cercano y en un momento puntual, deberíamos transformarlos en una celebración de emociones, una transmisión de dulces sentimientos que se convertirán en buenas sensaciones para quien lo recibe, y multiplicado para quien lo entrega.

Son las entregas de afecto las que realmente nos llenan,
por ser el mejor regalo que nos podemos hacer.

Cuando en cualquier instante surge el afecto inmaterial hacia los demás, es suficiente para que los compromisos no los sintamos como exigencias, de modo que afianzaremos en mayor medida esa unión entre los seres de Amor que somos.

En esos eventos de celebración, el Amor a expresar no ha de ser más intenso que en otros, sino que las demostraciones de Amor se deben entregar en el día a día, instante a instante, no existiendo un día más importante que otro por mucho que los medios de comunicación nos lo hagan creer, por mucho que nos hagan sentir culpables por no acordarnos de conmemoraciones, por no ser consumistas de lo material, por no entender que regalando materia física generamos felicidad, cuando por el contrario un beso, un abrazo, una caricia, una mirada satisfacen el Alma llenándonos de ilusión y esperanza mientras nos deslizan sobre la anhelada felicidad.

Quien no sabe expresar una entrega de Amor, usa lo material para evadirse.
Quizás, porque la presión que se recibe del exterior le ahogue.

En ese acercamiento a nuestro afecto personal más directo, nos encontramos con aquellos seres que forman nuestra familia, sin embargo, ¿ Nos hemos preguntado alguna vez quiénes son los miembros que la forman ?

¡ Considerar una respuesta, exige introspección !

La familia no forma parte de lo estipulado en el ADN o tiempo de convivencia, por tanto, la familia no es algo biológico sino algo emocional al obtener sensaciones de bienestar transmitidas de unos a otros.

Este concepto se forma en compartir experiencias emocionales donde encontramos momentos de alegría y afecto, llantos y lágrimas, y sobre todo Amor incondicional. Todas ellas siempre ligadas a proporcionar mejor sensación interior en el intercambio de energías con altas vibraciones.

En teoría, la familia se origina en el lugar inicial donde un ser experimenta sus primeras sensaciones con el entorno y con los seres que la componen, pero en la práctica, nuestro concepto de familia se transforma.

En algún momento de la Vida surge nuestra individualidad, la cual nos envía a buscar y crear grupos de seres acorde a la forma de pensar y sentir, seres que nos dan la oportunidad de intercambiar emociones, y de vivir sucesos gratificantes e inolvidables, seres a quienes posteriormente adoptaremos como nuestra familia, por lo que no siempre son quienes estuvieron a nuestro lado en los primeros años de respiración.

Vivo en el sueño de una esperanza,
en la que todos los seres vivos seamos una única familia,
una única sociedad,
una única raza,
un único pensamiento conectado a nuestros sentimientos.

Sueño en que este sea nuestro propósito de Vida,
siendo consciencias despiertas transcendiendo,
consciencias evolucionando en universos.

¡ Ahora sí estamos preparados para volar !

Siempre llegamos a ese momento en la Vida,
en el que encontramos el rumbo adecuado hacia nuestras emociones.

[15/02/2016]

XX

DERRAMANDO TRISTEZA
- Desde un mar de lágrimas -

Tristeza al recordar que, en algún momento de esta Vida hemos experimentando en menor o mayor medida el encuentro con circunstancias adversas, dejando que estas anidaran en nuestro corazón y enturbiaran nuestra mente. Son señales que manifiestan nuestro progreso evolutivo, el trayecto para que la humanidad siga avanzando en los senderos que marcan las leyes universales. Este avance sobre el conocimiento de nosotros mismos nos capacitará de agilidad necesaria en la solución y liberación de bloqueos mentales que nos afectan psicológicamente, y de sensaciones amargas que nos enmudecen sentimentalmente obstruyendo nuestro destino. Será el modo de evitar la existencia de momentos que nos agobien, depriman y/o preocupen.

Llegará la paz a nuestro interior mostrando entre miles de rumbos el adecuado a seguir, y la tristeza pasará a un segundo plano donde la alegría continuará con las enseñanzas.

Lentamente iremos llegando a la conclusión del por qué de nuestro conflicto, aprendiendo a preguntarnos, el para qué. Ya no tendremos que buscar el origen, y una vez obtenida la respuesta, ese trauma o error despejará una mente bloqueada y un sentimiento enmudecido.

Todos aquellos traumas que complican nuestro presente, son la transformación de circunstancias que han sucedido tanto en esta encarnación como en otras, aunque aún hoy en día no hayamos sabido resolverlos.

Realizar una regresión a nuestras vidas pasadas podría facilitar la resolución de algunas incógnitas que visualizarían el rumbo a seguir, llegando a rápidas conclusiones que se derivasen en la superación de nosotros mismos, encontrando explicaciones a los acontecimientos inexplicables.

En tu interior se encuentran los mapas de regresiones,
las existentes respuestas,
los secretos de nuestra evolución.

En tu exterior se encuentran los registros akáshicos,
las acciones que surgieron de tus pensamientos,
los pensamientos que nacieron de tus emociones.

¡ Y será un paso más hacia la espiritualidad de nuestra existencia,
al encuentro con nuestra Esencia !

Nuestro despertar consciente generará mayor fe en nosotros mismos, donde la semejanza de lo imposible será irreal en nuestras emociones, donde no se dará cabida a la existencia de tristeza que genera desesperanza al vivir en una época en la que enfermedades físicas son curadas, tratadas o enmascaradas con medicación o intervenciones quirúrgicas, mientras las enfermedades psíquicas las enmascaran con medicación y charlas que resuenan únicamente en libros orientados a la psiquis. Esto último es debido, a que normalmente quien intenta transmitir esa curación psicológica no genera la frecuencia necesaria para entrar en el corazón de quien la recibe. Pero sí lo hace en una aturdida mente durante un espacio corto en el tiempo, espacio que nunca es suficiente, aunque con ayuda de fármacos consigue el objetivo de paralizar pensamientos, quizás autodestructivos, quizás del despertar. Y quien lo paraliza, anula la comunicación entre pensamiento y emoción produciendo la desconexión entre mente y corazón, lo que causa un estado inerte espiritualmente; un estado donde no fluye conocimiento. Entendemos que ese ser vive porque aún late su corazón, pero su constitución espiritual está dividida en un sueño irreal.

Por otro lado, existe el pensamiento negativo, el cual llega a generar enfermedades físicas y mentales, la físicas se manifiestan elaborando una lenta destrucción interna hacia los órganos de nuestro cuerpo, las mentales lo hacen mediante trastornos psicológicos representados en alteraciones del razonamiento y/o comportamiento, afectando incluso a nuestro aspecto físico.

Es la negación humana -representada por empresas- la responsable de no indagar en el origen de las enfermedades, y que cuando lo hace y descubre el posible remedio, decide lucrarse de una enferma sociedad.

Siempre ha existido una sanación espiritual capaz de entrar en lo físico a través de frecuencias captadas por nuestra mente. Pero hoy en día queda muy lejos cuando no se siente que la evolución consciente va en esa línea.

Porque a medida que vayamos evolucionando, comprobaremos por nosotros mismos que todo tiene curación, tanto enfermedades físicas como psíquicas. Aunque actualmente las lucrativas empresas nos hagan creer lo contrario con innumerables investigaciones expuestas en charlas corruptamente manipuladas.

Todas las enfermedades serán sanadas mentalmente, mediante la generación de frecuencias captadas en el universo.

No solo tendremos la capacidad mental de curar nuestras enfermedades, sino también de no generar nuevas.

Controlaremos y estabilizaremos aquellas concentraciones de energía que no mantienen un flujo constante de equilibrio, con el fin de evitar que se conviertan en enfermedades físicas y/o psíquicas. Transformaremos aquellas enfermedades desconocidas que generen miedo en nuestro interior, con el fin de invertir a positiva su destructora negatividad. Seremos más resolutivos en situaciones que hoy nos vemos incapaces de superar sin ayuda, y adoptaremos como parte de nosotros toda la fuerza necesaria para afrontar y superar las vicisitudes que se nos presenten. Eso nos animará a seguir rumbo hacia una transcendencia espiritual.

¡ Las bajas frecuencias generadas en nuestras emociones,
dan lugar a enfermedades físicas y psicológicas !

¡ No hay ser más enfermo,
que quien no emana buenas emociones !

La calidad de una existencia se mide en su salud espiritual, en la apta conexión entre cuerpo y mente, entre emoción y pensamiento, siendo la armonía el resultado del despertar consciente logrado a lo largo de una Vida.

¡ Es la mente capaz de curar todas nuestras enfermedades,
pero solo en conexión con las emociones !

No se debe excluir que el motivo principal de la inexistencia de nuestro cuerpo o final de nuestra experiencia de Vida en esta tierra es causada por enfermedades, sino también por una decisión que nosotros -representados por nuestra Alma- diseñamos antes de llegar a este lugar, y que por alguna razón que desconocemos nos hemos negado el acceso a recordarlo.

Aún seguimos en la búsqueda hacia aquello que nos haga crecer como seres espirituales en la divinidad interior, sin embargo ahora disponemos de las aptitudes mentales y emocionales para crear más capacidades extrasensoriales que nos permitan levantar el velo que cubre nuestra visión de la realidad universal.

Ten fe en lo que sientes,
       ten fe porque averiguarás que ahí se inicia el camino,
     el camino hacia la búsqueda de uno mismo,
        hacia la Esencia perdida.

Y sucederá en el instante que oigas las palabras de tu corazón cuando captes la esperanza, será entonces cuando te entregará su conducta positiva bajo tu sonrisa.

Será tu actitud quien creará las circunstancias necesarias para penetrar en la magia; esa magia que nos ha rodeado en toda una existencia.

    Cuando llegues ahí elevando tus vibraciones positivas,
      considerarás a la tristeza como una representación,
        un mar de lágrimas por Amor,
          por felicidad,
            y no por dolor en el sufrimiento.

El arte no puede mostrarse sin sensibilidad,
y la creación es un arte que forma parte de ella,
de esa emotividad que cada ser vivo expresa.

[16/08/2016]

XXI

VIBRACIÓN DE LA SENSIBILIDAD
- Frecuencias intocables -

El vínculo con nuestro poder del conocimiento universal se encuentra en la mente, y la energía de la que se abastece proviene del Alma localizada en nuestro corazón.

Y es allí donde las altas y bajas frecuencias se agitan, donde la percepción de ellas es manifestada en resonancias de mayor o menor intensidad en disposición de nuestra sensibilidad.

Convertidos en seres de carga positiva, y víctimas de aquellos otros con carga negativa, hemos de aprender a evitar su contacto para no contaminarnos, a no ser que deseemos iniciar un estado de baja frecuencia energética. Estos seres negativos tóxicamente infecciosos, poseen una misteriosa fuerza de abducción que es utilizada consciente e inconscientemente extrayendo energía de otros seres para nutrirse. Su Alma está bloqueada por la mente, la cual custodia e impide flujos de energía entre emoción y pensamiento. Son los "nuevos ladrones de energía". Ladrones que viven a nuestro alrededor a la caza de la super-vivencia, tratando de llenar vacíos internos soltando toxicidad en cada palabra, cada gesto, cada acercamiento y en cada mirada.

¡ Roban tu tiempo mientras dejas que carguen su basura a tu espalda !

La evolución de un ser vivo no viene dada por su educación o su complejidad, sino por la energía de alta vibración que emana y transmite.

143

Nuestra sensibilidad es la única capaz de detectarlos, percibiéndose en señales de incomodidad que no podremos analizar en ese instante debido al bloqueo mental que ejercen sobre nosotros, y donde solo podemos pensar en huir de su lado sin que nos importe permanecer en soledad.

Porque es la soledad el lugar donde sentiremos que nuestra integridad está protegida, y porque lejos de ella, nada ni nadie permitirá que seas tu mismo.

En contacto con otros seres, objetos o lugares, y dependiendo de cómo fluye su energía a través nuestra, podemos generar y transmitir la misma frecuencia de energía que estamos recibiendo. Esa energía la asimilamos y la emitimos amplificando sus buenas o perversas frecuencias.
Estas energías, positivas o negativas, no solo se están moviendo alrededor nuestro, sino que también puede ocurrir que seamos nosotros quienes las estemos generando en nuestro interior. Por tanto, nunca descartemos la probabilidad de que seamos nosotros mismos los que estemos soltando toxicidad a la sociedad, ya sea por haber sido contaminados de vibraciones negativas o porque las estemos generando consciente o inconscientemente en nuestro ser.

Debes aceptarte,
perdonarte,
dejar de quejarte,
de sentir resentimiento,
de odiar,
de lastimar.

Porque seguir con esas emociones,
echarás en falta el aire que dejas morir ahora en la angustia.

Porque hasta ahora,
tu existencia en la Vida es importante,
de lo contrario no estarías aquí.

Sin embargo lo estás,
y si lo estás es por una razón que solo tú descubrirás.

Lo único que suplican las leyes universales,
es responsabilidad en tus emociones.

Esas emociones negativas que estas sintiendo,
destruyen tu equilibrio armónico,
las melodías dejan de sonar en tu aura,
la luz de los días ciegan el corazón,
las noches se hacen interminables en su oscuridad.

¿ Dónde te has quedado que ya no puedo verte ?

Genera buenos pensamientos y obtendrás buenas vibraciones, y sobre todo, deja de seguir en el sentido del engaño cuando te esfuerzas en transmitir que eres buena persona, y sin embargo, tu fuente energética es negativamente baja por malos pensamientos.

¡ Solo las buenas emociones, instauran buenos pensamientos !

Es inevitable que fluya esa carga energéticamente negativa a nuestro alrededor, pero sí podemos evitar que atrapen nuestra energía de alta frecuencia para transformarla o robarla.

¡ Son nuestros pensamientos negativos, quienes enferman la tierra !

Emanemos flujos de energía positiva en los intentos por sensibilizar nuestro corazón mediante el olvido de temores, angustias y rencores que solo son útiles para debilitar nuestra luz y restar nuestra salud.

Siempre que nos mantengamos en una frecuencia alta de energía,
nunca seremos atrapados por bajas frecuencias.

La desventaja de la sensibilidad,
es la facilidad con la que uno puede ser herido.

Su ventaja, es la sencillez con la que intimamos en el Alma.

Esa sensibilidad es la que te une al interior,
y de la que te nutrirás mientras evolucionas,
expandiendo conocimiento sobre tu Esencia natural.

No busques lógicos razonamientos, sobre inconvenientes o desventajas que esta cercanía con nuestro interior nos está proporcionando cuando entramos en el dolor.

**Un corazón sensible siente más intensamente el Amor,
y lo siente porque está unido a él.**

Y si por el contrario nuestra vibración es baja, probablemente nos encontremos en la formación de unas sensaciones interiores llenas de odio, ira, envidia y resentimiento. Y ellas son quienes crean vacíos en nuestro interior, conduciéndonos a buscar frecuencias positivas que alimenten nuestra sed.

*Pero la sed no termina,
eres prisionero en sensaciones de malestar,
de bloqueos y confusiones mentales que no paran de girar a tu alrededor.*

¡ Tu razonamiento se ha colapsado en mitad de la penumbra !

¡ Tu aura ya no transmite, solo abduce !

*Has iniciado un laberinto donde siempre crees encontrar la salida,
pero esta ya no existe,
se convirtió en la entrada.*

Nuestros intentos por salir de ahí lo buscamos consciente e inconscientemente en las energías positivas que brillan en el exterior, y nos convertimos en inconscientes "ladrones de energía".

¡ Robar nunca nos hará ricos !

Como seres vivos tenemos la capacidad de extraer lo positivo en todas y cada una de las circunstancias que evaluamos y sentimos como negativas. Aunque tristemente con tanta ceguera, no siempre lo hacemos.

No somos los únicos seres en el cosmos, aunque nuestro genoma sea único en esta galaxia, pero si somos los que tenemos el mayor poder de creación, la mayor capacidad de amar y el inmenso e inigualable poder mental pendiente aún por desarrollar junto a capacidades extrasensoriales.

Será el despertar consciente quien culminará tanto poder,
    aunque ahora se encuentre en fase REM de un indeterminado sueño.

Aunque sí somos conscientes de disponer de un poder mental,
    aún no lo somos en nuestras capacidades extrasensoriales.

Y sin embargo, no lo estamos desarrollando por nuestra baja vibración emocional y mental a la que estamos sometidos en este planeta, o quizás por nuestra irresponsabilidad al permitir que lo externo nos absorba captando nuestros sentidos, para después sumergirlos en el miedo hasta ahogarlos en lágrimas.

Son los pensamientos los que condicionan nuestra Vida, los que bajo el razonamiento de los miedos obtienen respuestas lógicas a corto plazo, inservibles a medio e implantables a largo. Y es por eso que volvemos atrás, volvemos a replantear ese pensamiento en el medio plazo, volvemos a condicionar nuestras acciones en un tiempo perdido que jamás recuperaremos.

No cierres los ojos,
    no los cierres ahora que despiertas,
        porque si lo haces,
            volverás a nadar entre lágrimas.

Debemos alejarnos si detectamos que nos sentimos incómodos en un lugar o en presencia de algo o alguien. Porque la bajas frecuencias no solo existen en personas con emociones negativas, o en grupos de una sociedad con sentimientos y pensamientos similares, o en una sociedad con una misma consciencia grupal, sino que también existen en distintos lugares y objetos.

Inconscientemente acercamos a nuestra Vida personas con la misma frecuencia vibratoria con la que resonamos, y del mismo modo alejamos a otras con diferente frecuencia vibratoria.

Esta frecuencia viene originada por emociones,
    emociones que forman sentimientos,
        sentimientos transferidos a pensamientos,
            y finalmente,
                materializada por nuestras propias acciones.

Lo que debemos valorar en otro ser, son sus altas vibraciones que vienen acompañadas de valores ético-morales llenos de buenas actuaciones e intenciones en sus creatividades visibles e invisibles.

Porque aquello bueno que sentimos nos transmite,
es sin duda,
vibraciones positivas llenas de conocimiento enamorado.

¡ Generemos esa vibración positiva contaminándonos y no robando !

No dejemos que los acontecimientos desagradables ni la falta de tiempo impidan que desarrollemos nuestro potencial creativo, por ser una de las claves hacia la transcendencia espiritual.

¡ Empieza a dejar de hacer en la Vida lo que te gusta,
y comienza a realizar en la Vida aquello que te apasiona !

Porque seguro que es lo más cercano a lo que sientes,
porque seguro que está relacionado con tu propósito de Vida,
porque seguro dará significado a tu existencia.

Si algo te gusta hasta apasionarte; eso es conexión espiritual,
pero si carece de pasión; asegúrate que no sea ego.

Es la creatividad quien irá abriendo en tus entrañas el trayecto desde las emociones hasta el pensamiento, realizando el acople perfecto hacia una conexión mediante frecuencias que enlazarán con el conocimiento universal desde la mente.

Conectarás con la energía en frecuencia positiva,
y esta abrirá un ciclo que fluirá entre tu interior y tu propio aura.

Nadie te puede ayudar en este encuentro, solo tú.

Eres el único ser que sabe dónde estás y para qué estás ahí.

Vuela alto, sigue ascendiendo y luego, transciende.
No sigas andando a ninguna parte. ¡ Vuela !
¡ Vuela hacia la soledad donde la sabiduría te está esperando !

¡ Escucha tu interior en el silencio,
y desplegarás las alas hacia lo más íntimo de los sueños !

Es la energía lo que necesitamos para crear lo que uno desea, y esta se encuentra en los buenos sentimientos; sentimientos que provienen de la fuente de emociones que el Alma genera transfiriéndolos al corazón mediante Amor.

Evita esa energía de baja vibración que te está causando miedo, ansiedad, angustia, culpa, frustración, odio e ira.

Todo lo que nos rodea tiene energía, emana energía en diferentes frecuencias, y por tanto, nos transmite esa energía.

Aquellas energías que resuenen contigo,
serán aquellas que te atraigan sin obtener explicación.

Todo lo que te rodea, ya sea visible o no, es energía, se compone de energía y esta se transmite en todo el espacio. Y lo hace atravesando cualquier materia, porque la materia no es otra cosa que energía concentrada.

Al igual que nosotros, nuestras creaciones son energía concentrada, y las realizamos introduciendo en ellas nuestras frecuencias vibratorias. Creamos cuando escribimos, pintamos, construimos, diseñamos, componemos música, etc... Y podemos apreciarlo en un libro, en un cuadro, en una figura, en un vestido, en una canción o en cualquier obra que llegue a nuestros sentidos.
Toda creación está compuesta de energías con las que vibramos al estar cerca o en contacto con ella, esto es debido a que lo impregnamos con nuestra propia energía, ya sea positiva o negativa. Todo dependerá del resultado en el enfrentamiento de dichas energías, donde siempre prevalece aquella con mayor intensidad.

¡ El aura es nuestra burbuja de captación y expresión energética,
nuestra expansión de la sensibilidad !

Todo cuanto existe en el universo son concentraciones de energía en el espacio, en el vacío, en la nada. Y dependiendo en qué dimensión nos encontremos, esa energía será tangible o no.

Son las frecuencias las que generan vibración en nuestro cuerpo físico, en esta misma materia de energía concentrada de la que estamos constituidos.

Este planeta es parte del universo, y por tanto, también emite energía mediante frecuencias que captamos con nuestros sentidos, y las captamos porque también somos parte de todo este entorno. Tal es así, que la energía emanada por el planeta, junto con los medios disponibles en él, nos ha facilitado la posibilidad de generar energía limpia y sostenible. Sin embargo, nos adentramos nuevamente en la sociedad empresarial, en la "cruda realidad" donde el ser humano se ha declinado más a transformar algunas de esas energías hacia una monopolización de la que obtiene riqueza, en lugar de entregarlo altruistamente a la sociedad de este mundo.

No somos libres de elegir sufrimientos no deseados,
pero si somos libres de optar por otra actitud ante las adversidades.

[04/04/2015]

XXII

SENTIDO COMÚN EN EL AMOR
- En el vacío emocional -

No tiene sentido común, no lo busques porque no existe. Tampoco existen claras descripciones que expliquen el misterio que envuelve a las relaciones de Amor entre seres vivos, ya que son relaciones que surgen entre dos mundos con experiencias de una o varias existencias, valores éticos y morales, sueños y deseos envueltos en pasiones de Amor.

Todo ser vivo tiene una belleza especial que le hace único, y solo nuestra observación de modo natural capta esa innata belleza. Porque no solo está en lo que vemos, sino en lo que percibimos y sentimos cuando le oímos, cuando nos acercamos, cuando le tocamos. Y si algo de ese ser nos atrae, nos hace sentir bien y nos vemos reflejados en su interior, quizás todo lo vivido sea una señal para compartir el viaje espiritual en esta encarnación.

Parte de nuestro desarrollo como seres humanos se encuentra en buscar la unión en una relación de pareja, en iniciar una relación sentimental en la que no siempre son suficientes el aprendizaje lógico y sentido común que hayamos o no desarrollado en otras vivencias. Esto nos crea inseguridades haciéndonos vulnerables ante la infidelidad; una infidelidad que puede darse tanto hacia quien nos ama como hacia nosotros mismos, una infidelidad que se declara desde lo sentimental hasta lo corporal y mental.

Independientemente de si somos o no infieles, atravesaremos momentos de desequilibrio absoluto, similar a la caída desde el precipicio más alto de nuestro entendimiento, un abismo donde la caída libre provoca miedo; miedo que anticipa el dolor que entrará en nuestro corazón. Probablemente sean retos que no podamos superar, por lo que quizás no estemos preparados para seguir adentrándonos en una relación sentimental, quizás hemos de esperar a que los engranajes de esta existencia enganchen en nuestro progreso evolutivo.

Uno de los tantos intentos por recuperar el ánimo, ilusión y esperanza en una relación sentimental, es tratar de llenar los vacíos internos con actividades que rompan la monotonía, cuando esta no es la causa de la vacuidad engendrada por cada ser individualmente.

No estar preparado para un lazo sentimental,
es no haber completado nuestros propios vacíos emocionales.

En esta sociedad, donde las relaciones sentimentales tienden a perder comunicación, a ganar desánimo, desilusión, desesperación y resentimiento, no deja de ser el resultado de un cúmulo de elevadas expectativas que nos infundamos frente a lo que pensábamos que era el Amor y contrastado con lo que realmente sentimos. Absortos, entramos en la necesidad de buscar a alguien que podamos utilizar o manipular inconscientemente para completar nuestro vacío emocional, y en consecuencia, apartar el miedo a la soledad.

Es tan importante ser conscientes de lo que sentimos, de lo que emanamos en nuestro interior, de modo que podríamos simplificar nuestras carencias más íntimas, y que nada ni nadie tenga que salvarnos de los vacíos que consumen nuestra energía.

Somos los únicos responsables de llenar nuestros vacíos emocionales por ser el encargo más tedioso a desempeñar en nuestro crecimiento personal.

Será el modo de atraer a nuestra Vida lo que somos,
y no lo que deseamos.

Ante tanto desconcierto, llega un momento en la Vida en que se nos inculca la idea de la felicidad, mostrando que el trayecto más adecuado para llegar a ella es estudiando, obteniendo un trabajo, comprando un vehículo, adquiriendo una casa, casándose, teniendo hijos, formando una familia, etc... Y cuando llegamos ahí, sentimos que no somos felices, que hemos sido engañados.

En ese preciso instante surge la sensación de que algo nos hemos dejado por el camino. Y sí, hemos dejado lo más importante, a nosotros mismos. Con tantos objetivos por cumplir, nos hemos olvidado de lo que sentimos, de lo que somos, de aquello que un día se llamó Esencia natural.

Hemos perdido una gran parte de nuestra tendencia natural. Esto ha dado lugar a cuestionarnos si todo lo asimilado en nuestro crecimiento personal tiene el valor real sobre cómo nos sentimos ahora.

Una vez más, hemos dejado que sea nuestro entorno, esa sociedad y esos medios de comunicación y entretenimiento quienes confundan a nuestro interior sobre el verdadero concepto de una relación sentimental, de una relación de Amor, de una verdadera felicidad.

No pienses en creer,
piensa en sentir;
sentir que la unión entre dos seres no está limitada,
que es ilimitada al encuentro del crecimiento espiritual,
ilimitada a experimentar ese hermoso camino de la Vida,
vibrando en cada paso recorrido,
en cada mirada del corazón,
en cada beso de Amor.

Y no,
no es sueño,
es la única realidad en una tierra al borde del colapso emocional.

No es que estemos al borde de un precipicio,
sino que ya estamos abalanzándonos sobre él.

Nuestro tiempo en esta Vida es limitado,
y antes de ahogarnos en océanos de tristeza,
debemos despertar,
abrir nuestras alas para no caer en la inexistencia.

No aceptes el consuelo, porque seguirás durmiéndote en sus brazos y retrasando tu evolución. Acepta la molestia porque te hará pensar y podrás despertar en el continuo crecimiento espiritual.

No hemos llegado aquí con los objetivos que esta sociedad ha tratado de inculcar a nuestra generación, sino que hemos venido aquí para que individualmente perfeccionemos nuestro ciclo de Amor, y eso solo se consigue aprendiendo a amar.

Pero si para sentirte bien, completo, tranquilo y feliz necesitas de objetos o materia externa, entonces eso es dependencia. Y si dependes de algo externo, entonces no lo llames de ninguna forma, eres tu quien sigue perdido creyendo que hay algo fuera de ti capaz de proporcionarte lo que ya tienes en tu interior.

¡ Es la dependencia en lo físico quien genera vacuidad !

Abandona ese plano de realidad,
entra en la Vida,
despierta al mundo interior que solo habita en ti,
y del que solo tu eres dueño.

Aquello que en este momento no tienes, es porque no lo necesitas en la lección de aprendizaje de esta encarnación.

Aquello que necesites para seguir creciendo, te llegará inesperadamente de forma impredecible e inexplicable.

¡ Has de estar alienado al propósito de tu Vida en este lugar !

Existe un secreto para estar alienado a este propósito, y para ello, solo has de prestar atención a lo que sientes, y no es algo diferente a escuchar con atención lo que dicta tu interior, porque no hay mayor despertar que captar con nuestra mente las sabias enseñanzas de nuestra existencia universal a través del corazón.
Establecer esa conexión entre mente y corazón, es la oportunidad de germinar las semillas de las que estamos formados como almas de una divinidad; una divinidad que nada tiene que ver con religiones, sino con nuestra propia Esencia espiritual.

Una vez que se establezca el canal de comunicación sensorial entre corazón y mente, y esta entienda el significado de la sabiduría que el corazón le transfiera, entonces estará preparada para recibir el conocimiento universal que otras entidades o inteligencias avanzadas del cosmos, deseen transmitir. Y solo entonces, accederemos a la biblioteca de sabiduría estelar, con la intención de ir completando nuestra propia e interna sala de libros.

¡ Porque no puedes malgastar una Vida huyendo de ti !

Si no lo haces ahora,
*   lo harás más adelante,*
*   y para entonces quizás seas demasiado mayor.*
Si continuas sin hacerlo,
*   estarás esperando la próxima encarnación.*

¡ Los vacíos internos nunca se llenan en compañía !

Conecta con lo que sientes sin razonar,
*   porque el Alma es la fuente de la sabiduría universal.*

Entra en un estado donde no des lugar a la intromisión mental,
*   ni a lo racionalmente matemático de la lógica.*

El propio estado te introducirá en una conexión especial,
donde la luz que emanes serán las alas que expandirán sensaciones.

Será la propia mente quien te conecte a la energía externa,
*   para dejar fluir conocimiento estelar hacia el corazón.*

La muerte no existe, es otro invento humano.

[15/09/2016]

XXIII

MORIMOS Y NACEMOS
- En un tiempo inexistente -

Nada nos hace morir,
es el Alma quien abandona nuestra energía concentrada,
es el modo de regresar a su inmortalidad.

Nada nos hace vivir,
simplemente nos transformamos,
nos transformamos para seguir evolucionando.

Es posible que las lágrimas aún no te hayan dado las respuestas que buscas a tanto dolor, pero te ayudaron a entender que sientes, que eres un ser que vibra en emociones con una inigualable e incomparable capacidad de amar.

¡ Porque no hay ser más aislado de sí,
que quien ignora sus propias emociones !

Existe solo una regla sobre cómo debemos amar, tan solo una, y esta se expresa en energía; energía que emana de tu Alma llegando a ti a través de la voz del corazón.

No existen vidas largas ni vidas cortas, solo existe el propósito de aprendizaje que nosotros mismos nos asignamos antes de llegar aquí.

No estamos en este lugar por tiempo ilimitado, y sin embargo, lo desaprovechamos buscando en la sociedad respuestas a todas nuestras inquietudes, apoyo y solución a nuestros infortunios cuando todos aquellos recursos que necesitamos ya están en nosotros, y lo están porque lo estuvieron siempre, mucho antes de nacer.

Seguimos con la insistencia de mejorar nuestra calidad de Vida a través de medios externos, evadiendo la idea de utilizar la infinidad de recursos internos que poseemos en este viaje iluminado. Disipamos nuestra existencia sin averiguar cuál es nuestro destino, guiados e influidos por el propio entorno en el que vivimos, y lo peor de todo, dejando de ser nosotros mismos. Continuamos creciendo ciegos y construyendo con fuerza una egocéntrica personalidad, donde no hay lugar para escucharnos. Somos vulnerables ante los deseos, ante las creencias materialistas de la sociedad en la que estamos inmersos. Al lado de esta debilidad nos hemos dejado influenciar por la curiosidad de experimentar sensaciones externas. Influencia que ha ayudado a perder nuestra Esencia; Esencia con la que intercambiábamos emociones externas a través de sensaciones internas.

Nadie tiene control de tu Vida,
porque nadie excepto tu la siente en su interior.

Eres tú, quien permite que eso ocurra al estar desorientado con tantas irrealidades, con tantas promesas hundidas en el Alma.

Aunque un sistema político-económico apoyado por medios de comunicación y entretenimiento intente controlarnos, no debemos permitir que también se acerquen a nuestras emociones. Solo de ese modo, tendremos el control absoluto de nuestra entidad como seres emocionales.

No hay necesidad de compartir nuestro tiempo con el miedo que genera la incertidumbre de un futuro, un miedo que estos abstractos "sistemas" no cesan en inculcarnos. Y es ahora cuando tenemos el poder de alejarnos de ellos, simplemente porque estamos en un lugar que nosotros mismos hemos elegido. Ellos no nos han obligado, sino que han aprovechado la oportunidad de entrar en mentes desubicadas que no han sabido asimilar las emociones como la verdadera realidad, dejando dormida su consciencia.

Eres el dueño de tus emociones y del lugar maravilloso donde surgen,
por tanto,
nada ni nadie entrará ahí sin tu permiso.
Esa es tu máxima responsabilidad,
y de ella depende tu creciente evolución hacia el despertar.

Tratamos de imitar a nuestros semejantes anhelando su alegría, sus sonrisas, su felicidad, sus posesiones, sus éxitos y sus vivencias de Amor. Y no solo permitimos no ser nosotros mismos, sino que además tratamos de ser mejor que los demás como si de una competición de egos se tratase, cuando lo que debemos ser, es mejor de lo que éramos hace un instante, donde la carrera está más en nuestro interior que en itinerarios desconocidos.

La confusión de emociones provoca que sigamos viviendo más riesgos, que tropecemos, caigamos y volvamos a levantarnos para empezar de nuevo. El "ciclo vicioso" se repite hasta aprenderlo en esta Vida o en próximas encarnaciones.

Si a lo largo de esta experiencia de Vida no llega lo que crees que necesitas para tu felicidad, es que en ese periodo de tu existencia no lo necesitas.

No olvides que mientras estés vivo, te encuentras en un estado de consciencia evolutiva, y que a medida que vayas despertando irás encontrando lo que de verdad necesitas, ya que entonces estarás preparado para ello; preparado para recibirlo.

*¡ Cada avance evolutivo en esta existencia,
tiene su tiempo en un lugar impredecible !*

*No vayas a pensar que eres el único ser vivo en el mundo que sufre,
el único que siente,
el único que desea encontrar la felicidad,
el único que desea amar,
el único que desea le amen.*

*Existe Vida ahí fuera,
seres con las mismas sensaciones que experimentas,
seres con tus mismas inquietudes,
Vida como la que sientes ahora en tu interior.*

¡ De lo existente, nada es distinto a tus emociones !

Vivimos espacios en el tiempo donde creemos ver lágrimas de sangre en nuestros ojos, encogimiento del corazón y desgarros en las entrañas. Espacios donde las sensaciones finalizan en el centro de la locura; locura en la que ese dolor da lugar a pensamientos sobre la existencia o no de nuestro ser en este lugar.

Aún sigues aquí cuestionándote el por qué.
¡ Cuestiónate el para qué !

Aún sigues en el mismo lugar,
esperando de rodillas,
sintiendo las húmedas caricias sobre la piel.

Aún sigues cansado de gritar al cielo,
de caminar sin rumbo,
sin destino.

Pero la Vida va pasando y tu voz es débil en el aire que respiras,
dando lugar a un océano de lágrimas,
donde nadie escucha las olas en tu interior.

Aún sigues aquí protegiendo la esperanza en el fondo del corazón,
algo que nada ni nadie ha podido arrebatarte,
algo que solo tú sabes hacer con Amor.

Son estas actitudes las que reivindican lo valiente que eres,
y lo que estás dispuesto a arriesgar,
con tal de llegar al final de un destino enamorado de ti.

Nada ni nadie tiene por qué creer en ti, solo tú.

Marca tu individualidad como ser de Amor que eres,
como esperanza de tu propia existencia.

Es ahora cuando sientes en tus manos sus lágrimas y su sensibilidad,
es ahora cuando crees estar a su lado.

Quizás solo sea un sueño,
pero hay algo más que has aprendido a través de esa esperanza,
algo que nadie conocerá jamás.

¡ Es ahora cuando sientes que eres el dueño de tu interior en conexión con tu Esencia !

Si no llegamos a nuestra Esencia en esta existencia, continuaremos el destino de nuestra herencia genética y árbol genealógico. Es la conclusión a seguir perdidos y desorientados en un desierto inexistente.

Permaneceremos siendo esclavos de nuestros propios deseos;
deseos que nos ciegan la verdad,
que nos duermen en esta realidad.

Aunque seamos los seres del universo más protegidos que cualquier otra esperanza de Vida en el cosmos, también corremos riesgos en dejar de serlo cuando más lo necesitemos.

Y es la energía del universo quien se ocupa de nuestro crecimiento hacia dimensiones estelares que no están más lejos de nuestra respiración.

Dentro de cada dimensión estelar existen varios planos de realidad, varias formas de sentir la existencia que latimos. Eso significa, que desde nuestro interior manejamos en qué plano de esta realidad deseamos estar, siendo este el resultado de lo que sentimos y de la frecuencia energética que transmitimos hacia el exterior.

Porque cuando cambiamos nuestra frecuencia vibratoria,
creamos otro plano de realidad en nuestro entorno.

Porque un cambio interno,
es capaz de cambiar una acción externa.

Solo en las mañanas abrimos los ojos finalizando un sueño, donde nuevamente las emociones deciden en qué plano de la realidad de esta dimensión desean despertarse.

En tu destino se encuentra alcanzar el reino de la divinidad, y no esperar a dejar esta existencia para entrar en él.

El Reino de la divinidad siempre ha estado aquí esperándote, esperando que reacciones ante un Amor que olvidaste, que olvidaste al desprenderte de ti, de tu Esencia.

La distancia que nos separa solo vive en nuestra mente,
y desaparece en besos de Amor al corazón.

[18/04/2015]

XXIV

NO ESTÁS SOLO
- Viajes de reflexión -

Los sueños insistirán una eternidad hasta llegar al corazón cuando este se encuentre preparado para manifestarlos.

El tiempo desaparecerá, pero los sentimientos anidarán en tu interior en continua progresión hacia la evolución.

Cada existencia en este mundo tiene un único significado, y ese significado es amar.

Hemos llegado a este lugar para aprender a amar y seguir creciendo paralelamente en nuestra escala evolutiva.

Antes de llegar a esta Vida, organizamos nuestro aprendizaje en un destino, una planificación llena de alegrías y tristezas, llena de sufrimientos e ilusiones. Y todo ello con el fin de crecer en la evolución de almas que se completan con Amor a unos niveles que a nuestro entendimiento actual no son comprensibles.
Una vez aquí, dejamos esta existencia voluntaria o involuntariamente en el instante en que llegamos a cumplir nuestro propósito. Y somos nosotros los únicos responsables de haber planificado nuestro fin en esta energía concentrada de la que ahora formamos parte.

Nadie decide qué ser entra o sale de esta Vida, esta decisión ya fue tomada en el diseño que hicimos de nuestra experiencia para este lugar, y esto sucedió antes de llegar a encarnar en el cuerpo con el que hoy respiramos.

Todo está relacionado en este presente, con esos millones de acontecimientos que emergen a nuestro alrededor, y de los cuales, solo a unos pocos les prestamos atención. Sin embargo, todo lo que sucede en nuestra existencia tiene sentido, y sentido lo tiene todo lo que nos rodea, porque de lo contrario no estaría ahí. Absolutamente todo está relacionado y conectado, tanto en este lugar como en el universo, por la simple razón de ser parte de él.
Solo hay que estar atento a lo que envuelve nuestra existencia, a las señales que llegan misteriosamente, señales que nos harán entender que es real este crecimiento evolutivo en este despertar consciente.

Es la transcendencia espiritual, que a través de la introspección en las emociones originadas por el Alma desde el corazón, será quien provocará la conexión con nuestro poder mental. Y esa será la conexión imprescindible para dejar fluir el conocimiento universal hacia esas dimensiones que se alcanzan en niveles no tangibles, en estructuras donde una mente despierta posee la habilidad de captar, pero nunca residir ahí mientras su entidad sea energía concentrada.

Es esta la dimensión en la que habitamos y sobre los planos de realidad en la que nos movemos, planos captados y transformados por nuestras emociones. Y todo esto tiene que ver con nuestra entidad divina en el crecimiento espiritual, todo es el resultado de nuestra Alma despertando nuestra consciencia, progresando hacia otras dimensiones cercanas.

Desde que llegamos a este lugar el Alma desea hablarnos a través del corazón, transmitirnos serenidad, ser nuestro guía, nuestra intuición, y sobre todo, nuestros ojos en los trayectos más oscuros, inciertos y dolorosos. Todo preparado hacia el encuentro de nuestra Esencia, para que escuchemos cómo las preguntas obtienen respuestas, cómo nuestra soledad es acompañada, cómo va creciendo la capacidad de amar hacia nosotros y hacia los demás, donde todo brota en continua evolución desde la fuente innata de energía sobre la que formamos parte intrínseca.

Abracemos al corazón, dejemos circular sus seductoras palabras hacia nuestros oídos, cada una desde los sentimientos hacia una nueva esperanza para experimentar cómo la alegría se abre en las entrañas, y el Amor se hace presente en cada latido.

Empezaremos a sentir la magia de Vida en nuestro ser, cada vez más plena y llena de fortaleza, esto nos hará especiales frente a quienes tienen por Dios a su mente.

No existe más explicación que la que deseemos sentir, más complejidad que la que deseemos encontrar para bloquear la comunicación de emociones en nuestro corazón.

Permanezcamos siempre al lado del corazón,
y no volvamos a alejarnos de él,
porque si lo hacemos...

...dejaremos de amarnos.

A ti mi Amor,
        mi gran Amor,
               mi dulce y eterno Amor.

Que todos tus sueños duerman a mi lado,
        que toda tu realidad despierte en mis brazos,
que toda una Vida bese el corazón en alas de nuestra felicidad.

[16/02/2013]

No existirá el final de este libro,
mientras sea el inicio de tu despertar,
y tampoco existirá un lugar especial para aprender a amar,
porque todos lo son.

[29/12/2016]

IÑAKI HERMO

www.ingramcontent.com/pod-product-compliance
Lightning Source LLC
Chambersburg PA
CBHW070443090426
42735CB00012B/2447